JIANZHU DIANQI SHEJI JICHU
建筑电气设计基础

陈朝煜 编

中国电力出版社
CHINA ELECTRIC POWER PRESS

内 容 提 要

全书分为八章。分别为建筑电气设计概述，建筑电气设计基本计算，供配电一次系统，供配电二次系统，建筑照明系统，建筑消防系统，防雷和接地，弱电系统和楼宇自动化系统。

本书介绍了建筑电气设计所必需的基本理论和知识，不涉及设计的具体问题。本书可作为建筑电气设计初学者的学习资料，也可作为资深的建筑电气设计者指导初学者的参考资料，也可以作为高等院校建筑电气专业学生的教学参考书。

图书在版编目(CIP)数据

建筑电气设计基础/陈朝煜编 . —北京：中国电力出版社，2017.1 (2019.8 重印)
ISBN 978-7-5123-9759-0

Ⅰ.①建… Ⅱ.①陈… Ⅲ.①房屋建筑设备-电气设备-建筑设计 Ⅳ.①TU85

中国版本图书馆 CIP 数据核字(2016)第 216639 号

中国电力出版社出版、发行
(北京市东城区北京站西街 19 号 100005 http://www.cepp.sgcc.com.cn)
三河市万龙印装有限公司印刷
各地新华书店经售

*

2017 年 1 月第一版 2019 年 8 月北京第二次印刷
787 毫米×1092 毫米 16 开本 7.75 印张 159 千字
印数 2001—3000 册 定价 **28.00** 元

前　言

　　随着科技的发展，建筑的规模越来越大，人们的需求越来越高，建筑的电气供配电设计在当今社会的作用也越来越大，电气设计不仅要保证供电的质量，还要求能够保护人民群众的财产和生命安全，还要以多种形式来满足人们的物质需求。为了广大读者日益增长的对建筑电气的知识需求，作者结合多年设计经验，编写了此书。本书论述建筑的强电和弱电两个部分设计所必需的基本理论和知识，不涉及设计的具体问题。

　　改革开放以来，我国建筑业得到了持续快速的发展，建筑业在国民经济中的支柱产业地位不断加强，对国民经济的拉动作用更加显著。从发展进程来看，我国建筑电气行业正处于成长中期，未来相当长的一段时间内，仍将保持稳步上升的趋势。由于市场对建筑电气产品的刚性需求仍然很大，特别是城市化进程至少可以给我国经济未来一段时间带来较大的增长速度，这也将为建筑电气行业带来极大的发展空间，同时提供了大量的就业机会，建筑电气工程设计、工程监理、工程施工、工程管理人员需求量也相应的增加，本书通过对建筑电气设计概念介绍，分析了建筑电气设计基本计算方法和公式，逐步将建筑电气设计主要内容的基本理论和知识进行全面的阐述，可作为以上人员学习的基础教材。

　　作者在本书编写过程中，参阅和引用了不少专家、学者论著中的相关资料，在此一并表示衷心的感谢。

　　限于时间和编者水平，疏漏和不妥之处在所难免，恳请广大读者批评指正。

作　者

2016 年 7 月

目 录

建 筑 电 气 设 计 概 述

第一节 建筑电气设计概念

建筑物是人类在地球上就地建造的物体，是人类生产、生活和社交等的主要场所，是人类在地球上铸造的巨大财富，是人类文明发展的重要标志。从盘古时代的茅草屋到现代的巨型建筑物是人类发展的重要见证。建筑电气元素的引入是现代建筑与古建筑的根本区别。建筑电气是现代化建筑物的一个极其重要组成部分，是现代化建筑物安全、舒适、优质、经济运行的保证。没有建筑电气便没有现代化建筑物，可以说建筑电气是现代化建筑物的灵魂，没有建筑电气，建筑物是一个僵死的空壳，建筑电气使现代化建筑物朝气蓬勃，精彩夺目。所谓建筑电气是为建筑物服务的，在建筑物内及其周围附属体电能的使用，包括所需的电气设备，连接及其控制。随着建筑业的不断的发展，其相应的建筑技术和建筑电气技术也在蓬勃发展，反之又成为建筑业发展的推动力。建筑电气技术是建筑技术、电气技术、计算机技术、电子技术、通信技术和自动控制理论等发展起来的一门综合技术学科。

建筑电气分为强电和弱电两部分。强电包括高低压供配电系统、动力系统、照明系统、防雷接地系统、消防系统以及备用电源系统等。弱电包括强电部分的测量、监视、保护和控制系统、通信系统、有线电视系统、互联网宽带网系统、安全防盗监视系统、防火报警系统、建筑物内信息收集加工处理及其自动控制系统、物业管理及办公自动化系统和卫星信息传输系统等。

建筑电气的实现分为三个步骤：第一步是建筑电气设计，第二步是建筑电气施工建设，第三步是建筑电气的使用运行和维护。建筑电气设计是未来建筑物中建筑电气的一幅蓝图，是未来建筑物中建筑电气施工建设的依据，是未来建筑物中建筑电气使用运行的基础。建筑电气设计要充分考虑建筑物的使用功能，要选择优质电器产品，要合理布局，要考虑施工的方便，要考虑运行操作安全性和灵活性，要最大限度减少对环境的影响，要最大限度节省电能，尽量减少投资费用。

建筑电气分为民用建筑电气和工业建筑电气，有些工业建筑设计非常专业，要由专门的设计部门来完成。这里讨论的建筑电气更多的指民用建筑。

第二节　建筑电气设计的任务

建筑工程电气设计分两个阶段，第一阶段为初步设计，第二阶段为施工设计。初步设计是进行设计方案比较，并与建筑工程其他专业进行协调，最后给出技术先进经济合理的最佳设计方案；施工设计是以初步设计方案为蓝本进行具体设计，以施工图纸，设备清单和设计说明书的形式出现。

建筑电气设计一般包括下列内容：

1. 供配电系统主接（结）线设计

这是电气设计的核心，也是初步设计的主要内容。主接线设计涉及下列部分：

（1）电力负荷计算。电气设计的任务是最大限度满足用电设备的需求，电力负荷是电气设计的依据。电力负荷计算准确与否，对于设计是否经济，设备是否安全运行起决定性作用。

（2）确定供电电源，电压等级和供电回路数。

（3）确定变压器台数和容量。

（4）高压进线设计，高压母线接线方式选择。

（5）低压母线接线方式选择。

（6）无功补偿容量计算及其设备选择。

（7）确定低压出线数。

（8）短路电流计算。计算各种可能的故障时短路电路的分布，为选择电气设备和继电保护整定计算做好准备。

2. 电气设备选择

包括电力变压器、高低压开关柜、电力电缆，母线槽、开关设备、电压互感器、电流互感器和避雷器等。

3. 变电所和配电所设计

确定变电所和配电所的位置和面积，这在初步设计时就要完成。施工设计要对变压器和开关柜的排列布置和安装，电缆沟，进出线电缆进行具体设计。

4. 动力系统设计

一般建筑物都有生活水泵、消防水泵、中央空调、电梯和排水泵等，它们一般由低压配电所供电。动力系统设计包括动力电缆的选择、布置、走向、动力柜选择及其安装等。

5. 照明系统设计

根据建筑物各空间对照明度的要求，进行照度计算、光电源和灯具选择、灯具造型、灯具布置及其安装、光源调控、照明线路和开关的布置安装、照明箱（柜）的选择和安装等。

6. 防雷和接地设计

分析计算该建筑物受雷的情况，合理选择避雷设备和建筑物防雷类别，并对避雷设备布置和安装进行设计。根据工作接地和保护接地的具体要求，计算接地体的电阻，并给出接地体施工图和接地线的走向和连接布置图，包括等电位端子箱的连接和安装图等。

7. 供配电系统二次系统设计

供配电系统二次系统设计包括一次设备的测量、信号、控制和继电保护及自动化装置的选择和整定计算。

8. 消防设计

火灾自动警报系统的选择及其布置和安装，自动启动防排烟和灭火装置等联动设备的选择和安装等。

9. 信息系统设计

建筑物与外界联系主要通过下列手段，有线电话、互联网的宽带网、有线电视和卫星接送系统等。这些设备的选择是由有关专业选定，在建筑物内部的布局和连接由建筑电气设计人员完成。

10. 备用电源设计

重要建筑物一般采用双电源供电。对于特别重要的建筑物还要安装紧急备用电源，多数采用柴油发电机组。在初步设计时就要预留柴油发电机组的工作间，要选择发电机的容量、型号等；在施工设计时，要确定柴油发电机组与低压配电装置的连接方式，绘制柴油发电机组和控制屏的安装图及其连接线路的走向和安装等。

11. 楼宇自动化设计

楼宇自动化一般包括下列部分：

(1) 安全自动化系统。人员财物出入控制、防盗报警、电视监控、电子巡更和停车场监控等。

(2) 火灾自动报警控制系统。

(3) 建筑设备自动监视控制系统。给排水监控、空调监控、照明监控、电梯监控、高低压配电设备监控和应急电源控制等。

(4) 办公自动化系统。

(5) 通信自动化系统。

建筑电气设计对楼宇自动化设计的任务是选择自动化装置的类型，确定自动化控制中心的工作间，自动化设备的布置，安装及其连接等。

第三节 电力系统概述

建筑电气是大电力系统的末端，是电力系统的负荷。要搞好建筑电气设计必须了解大电力系统的一些基本情况和特性，才能做到知其然，又知其所以然。所以这里要介绍一些电力系统的基本情况和特性。

电力系统是由发电、输变电、配电和用电等设备以及相应辅助系统，按规定的技术和经济要求组成的，将一次能源转换为电能，并输送到电力用户的一个复杂的、可控的统一系统。

电力系统的主要设备称为一次设备，由主设备及其相连的系统称为一次系统，一次系统是电能载体。电力系统的辅助系统称为二次系统，相关的设备称为二次设备，包括测量、控制、信号回路、继电保护装置、安全自动装置、调度控制与自动化装置和通信系统等。二次系统是保障一次系统安全可靠、优质、高效运行必不可少的系统。

电力网是由变压器、输电线路、电力电抗器和电力电容器等元件连接而成的，承担电能输送和分配任务的网络。

当今现代化电力系统电能形态普遍采用三相正弦交流电。但有的输送环节采用直流电，称为直流输电系统。

在我国电力部门通常将电力系统俗称电网，这与学术上的电网有所区别，例如东北电力系统就简称为东北电网。

一、电能的特点及对电力系统的要求

电能作为一种商品，与其他商品有所区别。它的生产、输送和消费有如下特点：

（1）与国民经济各部门息息相关，与人们生活关系密切。由于电能容易转换为热能、光能、机械能和化学能等，已成为人们首选的能源形态。现在任何部门，任何个人都离不开电能，是人们生活的必需品。

（2）电能不能大量储存，电能供销是同时进行的。目前电力部门还不能将电能大量储存起来，电力用户任何部门和个人都不能把电能囤积起来，所以容易产生供不应求的矛盾。

（3）电力系统工况变化非常迅速。电能需求的变化几乎是瞬间完成的。电力设备的操作，故障发生，系统从一种运行状态转换到另一种运行状态都是在极短的时间内完成的。

（4）电力用户对电能的质量要求严格。电力用户设备都是按额定条件进行设计的，当运行电压、频率、波形和三相不对称度偏离额定值，就会降低设备的效率和寿命，严重时会产生废品，损坏设备，影响电力系统自身安全运行，甚至造成大面积停电。

（5）电能是一种看不见，摸不得的商品。如果管理、操作和使用不当，将会危害人身和设备的安全。

根据上述特点，对电力系统运行提出如下要求：

（1）保证安全可靠供电。中断供电会造成企业生产停顿，人们生活和社会秩序混乱，甚至危及人身和设备安全。保证安全，持续供电是电力系统运行的首要任务。为了安全，不间断供电，电力管理部门和用户必须采取措施以防止事故发生和扩大，例如严密监视电力设备的运行状态，及时维修设备，不断提高运行人员的素质避免人为事故；必须配备足够的有功和无功电源，完善电网结构，采取提高系统稳定运行措施，提高系统自动化水平。

（2）提供合格的电能。电能质量指标有电压、频率、波形和三相对称度四项。

电压质量指标有电压偏差、电压波动和电压闪变等。我国有关电能质量规程对此都有详细规定。例如 35kV 及其以上的电网电压正负偏差总和不超过 10%，10kV 电网电压偏差不超过正负 7%，220V 电压正偏差不超过 7%，负偏差不超过 10%。电压波动会影响负荷的正常运行，造成产品报废等，电压快速波动会变成电压闪变，电压闪变会影响人的视力，降低工作效率，降低产品质量。因此防止电压闪变是电力部门必须重视的问题。电压波动和闪变是波动性负荷引起的，例如电弧炉、绞车、轧机、电焊机、频繁启动的电动机、粉碎机等都是波动性负荷。如何判别电压闪变，现尚无统一的标准。这是因为闪变与多种因素有关，这些因素有：电压波动的大小、频度（频率的两倍）和电压的波形以及人的视觉敏感度，电气设备的敏感度。白炽灯是对闪变最敏感的电气设备，作为电压波动是否闪变的依据。人的视觉敏感度是以 50% 感到不舒服为依据。因此国际电工标准规定：稳态的电压波动不超过 3%，持续时间不应超过 200ms。最大电压波动不超过 4%。防止电压闪变的最好的方法是防止电压的波动，电压变化与无功功率平衡关系最大，因此及时调节无功功率的平衡是防止电压波动的最好方法。有关无功补偿问题请参阅本书第三章。

我国额定频率为 50Hz，正常运行要求不超过正负 0.2Hz，事故时要求不超过正负 0.5Hz，时钟日累积误差不超过 1min。

波形质量指标用电压总谐波畸变率和各次谐波电压含有率表示，我国有关电能质量规程对此都有详细规定。有关谐波的概念参阅本书第三章的论述。

三相不对称度质量指标一般用不平衡度表示，即负序分量对正序分量比值的百分数。电压不平衡度正常运行时不超过 2%，短时不超过 4%。三相不对称是由于三相负荷不对称，单相负荷（电力机车），三相阻抗不对称等引起的。三相不对称的后果是：增加旋转电机的震动、噪声和损耗，增加电网的损耗，产生谐波，引起继电保护装置误动作，影响用电设备的正常工作，降低生产效率，干扰附近的通信设备的正常工作。改善三相不对称的办法有：架空线路进行整换位，尽量使三相负荷平衡，电气机车各相负荷尽量分配一样。三相不对称度是对稳态运行而言的，其实还有短时三相不对称，如不对称短路，三相断路器合（分）闸不同时，输电线路的单相自动重合闸过程等，这些会对继电保护装置和自动化装置产生影响。

（3）提高系统运行的经济性。为了提高运行的经济性，必须尽量地降低发电厂的煤耗率（水耗率）、厂用电率、电力网损耗率；淘汰小容量机组，采用大容量机组；实现经济调度；发展新能源。

（4）符合环保要求。火电厂排出的废气（氧化硫、氧化氮、二氧化碳等）和废水，废渣将污染周围环境。为了保护环境，必须限制其排放量。为此有时就要限制火电厂的出力，甚至关闭某些火电厂。电力系统产生的电磁辐射，噪声也会影响周围环境，也要加以限制。积极稳妥发展水电和核电。大力利用太阳能发电和风力发电。

安全可靠、优质、高效是电力系统运行的目标，也是建筑电气设计的目标。

二、电力系统额定电压、电力网络接线方式和中性点接地方式

(一) 电压等级

三相电力系统中，功率（S）、线电压（U）、电流（I）和阻抗（Z）有如下关系

$$S = \sqrt{3}UI \tag{1-1}$$

$$U = \sqrt{3}IZ \tag{1-2}$$

当输电线导线选定时，其允许输送的电流也是确定的，因此电压越高，允许输送的功率越大。当输送功率一定时，输送距离也受到限制。因为输送距离越长，输电线路功率损耗越大，电压降落也越大。一般功率损耗不得超过输送功率的10%，电压损耗也不得超过额定电压10%。由此可见，一定的电压等级相应一定的输送功率和距离。为了满足不同输送功率和距离的需要，应设置不同的电压等级。但电压等级太多，不仅给电力设备制造部门造成不便，也给电力运行部门造成许多麻烦，不利电力工业的发展。因此各国根据各自的国情制定了一系列的标准电压等级，也称额定电压。我国现有电压等级（其数值是线电压的有效值）如下：

（1）电网额定电压：0.38kV、3kV、6kV、10kV、35kV、110kV、220kV、330kV、500kV、750kV和1000kV。有些电压等级，例如66kV和154kV已被淘汰，有些电压等级，例如3kV和6kV使用范围很小。110kV及其以上的电压等级适用输电系统；35kV及其以下的电压等级适用配电系统。有些负荷密度极高的地方也将110kV，甚至220kV的电压等级作为配电系统。

（2）发电机额定电压：高于电网额定电压的5%。有3.15kV、6.3kV和10.5kV。由于制造需要，有些发电机的额定电压不是国家标准，例如13.8kV、15.75kV等。

（3）变压器额定电压：升压变压器一次侧与发电机相连，其额定电压与发电机额定电压一样。降压变压器一次侧与电力网相连，其额定电压与电网额定电压一样。变压器的二次侧的额定电压高于电网额定电压5%或10%。

（4）用电设备额定电压：等于电网额定电压。有0.38kV、3kV、6kV、10kV。用电设备额定电压220V是0.38kV电网的相电压。

电网额定电压级差应超过两倍以上较为合理。因为根据式（1-1）和式（1-2）可知，当负荷阻抗Z恒定时，输送功率与电压的平方成正比，如果电压级差小，输送功率增加不多。例如，电压等级为110kV、220kV、500kV，较为合理，如果增加330kV就不合适。现有330kV、750kV的电压等级只限我国西北电力系统使用。我国发展更高电压等级为1000kV，已投入商业运行，并逐步形成为主电网。

目前世界上最高电压等级为俄罗斯1150kV，作为试验运行。一般将400kV～1000kV称为超高压，1000kV以上称为特高压。

(二) 电力网接线方式

任何一个电力系统的接线方式都是十分复杂的，但都是由一些简单的接线系统组成的。这些系统可分为无备用接线方式和有备用接线方式两大类。

无备用接线方式主要优点是简单、经济、运行方便，主要缺点是供电可靠性差，适用于不重要的负荷和配电网，这种接线方式有：

（1）放射式：由电源（电厂或变电站）用单条线路向一个较大的负荷点供电。

（2）链式：由电源用单条线路连接至下一个变电站的母线，再由该变电站的母线用单条线路连接至下一个变电站的母线，依此类推。后面线路故障只影响后面负荷供电，不影响前面变电站的供电。

（3）干线式：由电源用单条线路连接至下一个变电站的母线，由该变电站放射式向几个负荷供电，其中有一条线路向下一个变电站供电，依此类推。

（4）T型：由电源用单条线路向多个小负荷供电，也称树干式。

有备用接线方式主要优点是供电可靠性高。主要缺点是投资较大，适用于较重要的负荷和高压输电网。这种接线方式有：

（1）双回路：由电源（电厂或变电站）用两条线路向一个较大的负荷点供电，或与下一个变电站连接。包括双回路链式，双回路干式。

（2）双电源：由两个电源向一个负荷供电。

（3）环式：由几个电厂和几个变电站经输电线路相互连接成一个闭环。有单回环网，双回环网，单回双回混合环网，电磁环网（高低压环网）。在实际运行中，尽量避免电磁环网。

（三）电力系统中性点接线方式

三相系统中星型接线的变压器或发电机的中性点与地之间连接方式分为两大类。一类称为大电流接地方式，这种中性点接地方式当三相系统中一相接地短路时，相当电源一相绕组被短接，其短路电流很大，必须快速隔离故障部分，否则将造成相关设备损坏，影响相关部分的正常供电，严重时威胁全系统安全稳定。由于切除部分供电设备，将影响供电的可靠性。大电流接地方式分为直接接地和经小阻抗接地两种。另一类称为小电流接地方式，这种中性点接地方式当三相系统中一相接地短路时，其短路电流（线路电容电流）很小，一般不会影响正常运行，允许再连续运行 2h。相对而言，小电流接地方式供电可靠性较高。小电流接地方式分为不接地和经大阻抗接地两种。大阻抗分为大电抗和大电阻。大电抗接地装置称为消弧线圈。

大电流接地方式的缺点是供电可靠性差。它的优点是当发生单相接地时，非故障相与地之间承受的电压是相电压，对绝缘要求较低，其相应投资较小。

小电流接地方式的优点是供电可靠性高。但也有它的缺点，当发生单相接地时，非故障相与地之间承受的电压是线电压，对绝缘要求较高，其相应投资较大。

对于电压等级较低的电网，其绝缘投资比例相对较少，相电压与线电压的投资相差不大，所以一般采用小电流接地方式。

对于电压等级较高的电网，其绝缘投资比例相对较大，相电压与线电压的投资相差较大，所以一般采用大电流接地方式。除了经济上的原因外，还有一个技术上的问题。

下面研究一个星型接线三绕组电源（中性点不接地）经输电线路向负荷送电的供电

系统。设正常运行时，各相（a、b、c 三相）与中性点（n）及大地（o）之间的电压为 $\overline{U}_{an} = \overline{U}_{ao} = U\angle 0°$；$\overline{U}_{bn} = \overline{U}_{bo} = U\angle 240°$；$\overline{U}_{cn} = \overline{U}_{co} = U\angle 120°$；$\overline{U}_{no} = 0$，即中性点（n）与大地（o）同电位。

对地电容电流为

$$\overline{I}_{ao} = j\omega C\overline{U}_{ao};$$
$$\overline{I}_{bo} = j\omega C\overline{U}_{bo};$$
$$\overline{I}_{co} = j\omega C\overline{U}_{co};$$
$$\overline{I}_{ao} + \overline{I}_{bo} + \overline{I}_{co} = 0$$

式中　U——相电压；

$j\omega C$——对地容纳，即容抗的倒数，C 是相对地电容。

发生 a 相接地时，a 相与大地（o）电位相同，各相电压为

$\overline{U}_{ao} = 0$；$\overline{U}_{no} = \overline{U}_{na} = -\overline{U}_{an} = -U\angle 0°$。

$\overline{U}_{bo} = \overline{U}_{bn} + \overline{U}_{no} = U\angle 240° - U\angle 0° = \sqrt{3}U\angle 210°$。

$\overline{U}_{co} = \overline{U}_{cn} + \overline{U}_{no} = U\angle 120° - U\angle 0° = \sqrt{3}U\angle 150°$。

各相电流为

$\overline{I}_{bo} = j\omega C\overline{U}_{bo} = j\omega C\sqrt{3}U\angle 210° = \sqrt{3}U\omega C\angle 300°$。

$\overline{I}_{co} = c = j\omega C\overline{U}_{co} = j\omega C\sqrt{3}U\angle 150° = \sqrt{3}U\omega C\angle 240°$。

$\overline{I}_{bo} + \overline{I}_{co} = 3U\omega C\angle -90°$。

$\overline{I}_{ao} = -(\overline{I}_{bo} + \overline{I}_{co}) = 3U\omega C\angle 90°$。

由此可见，单相接地的短路电流与电压成正比，也与对地电容成正比。当接地短路电流大到一定程度时，接地点的电弧就不能自行熄灭，还会引起弧光接地过电压，甚至发展成严重的系统事故。因此我国对小电流接地方式的各级电网发生单相接地的接地电流加以限制，对于 3～6kV 电网不得超过 30A；对于 10kV 电网不得超过 20A；35kV 电网不得超过 10A。当超过规定值时，中性点应加装消弧线圈。加装消弧线圈后，由中性点流经消弧线圈的电流为

$$\overline{I}_{no} = -j\overline{U}_{no}/\omega L = jU\angle 0°/\omega L = (U/\omega L)\angle 90°$$

其中：ωL 是消弧线圈的电抗，L 是消弧线圈的电感。

a 相对地电流为

$$\overline{I}_{ao} = -(\overline{I}_{bo} + \overline{I}_{co} + \overline{I}_{no})$$

由于 $\overline{I}_{no}$ 的方向与 $(\overline{I}_{bo} + \overline{I}_{co})$ 的方向相反，所以加装消弧线圈后减少接地点电流。

对于电压等级较高的电网，由于电压高，且输送距离长，相应的对地电容大，所以当采用小电流接地方式时，发生单相接地的接地电流也就大，即使加装消弧线圈，也无法将接地电流降低到允许值之内。从技术上来看，电压等级较高的电网非采用大电流接地方式不可。

我国 35kV 及其以下的电网大多采用小电流接地方式，110kV 及其以上的电网大多

采用大电流接地方式。

三、电力系统运行

（一）电力系统调频

保持频率在 50Hz 是电力系统运行的基本任务。当发电有功功率等于负荷有功功率（包括有功网损）时，电网频率就会稳定在某一频率下运行，电网的负荷无时无刻在发生变化，当有功功率供需不平衡时，电网频率就要发生变化，如果不采取任何措施，电网依靠自身的能力，最终有功功率会达到新的平衡，频率会稳定在另一个数值上。这是因为发电机有一套调速装置，当频率发生变化时，发出的有功功率也会发生变化，一般频率越低发出的有功越多；频率越高发出的有功越少。这种特性基本上是一条直线，也称为发电机频率调节特性。而负荷消耗的有功功率与频率有这样的关系：有的与频率无关，有的与频率一次方成正比，有的与频率二次方成正比，有的与频率多次方成正比。综合负荷的有功与频率的关系是：频率越高，消耗的有功越多；频率越低，消耗的有功越少。当发电有功大于负荷有功时，电网频率会稳定在高于 50Hz 以上，当发电有功小于负荷有功时，电网频率会稳定在 50Hz 以下。当然发电机无调速装置时，也具有这些特性，但发电机有调速装置时，频率可以维持在较好的水平上。用发电机的调速装置调节频率称为一次调频，但是它不能使电网频率维持在 50Hz 上。因此，要求设置调频厂进行二次调频，调频厂要有足够大的调节容量。二次调频就是相当移动发电机频率调节特性直线，能保证电网频率维持在 50Hz 上。二次调频可以采用手动调节，现在更多采用自动调节装置进行调节。虽然二次调频能保证频率维持在 50Hz 上，但不能保证电网运行最优。所谓最优是使全网发电成本最低或发电污染最少。按最优原则分配发电机的有功功率称为三次调频。

有功功率小幅度失衡是属于调频问题。有功功率大幅度失衡是属于频率稳定性问题。例如大功率发电机突然退出运行或电网因故解列为两个系统，就可能出现大功率缺额，造成频率大幅度下降，一般频率低于 45Hz，就可能出现频率崩溃或者说频率失稳。所谓频率失稳是因发电厂的厂用电设备（给水泵、风机等）的出力与频率成多次方关系，一旦频率大幅度下降，厂用电设备出力也大幅度下降，从而使发电机出力大幅度下降，造成有功功率缺额增大，频率进一步下降，形成恶性循环，最终致使系统崩溃。由于现代电力系统容量很大，即使一台百万机组退出运行，也不足于造成频率崩溃。系统解列就有可能出现大功率缺额的现象，从而发生频率失稳。防止系统解列是电力系统运行值得关注的问题。

（二）电力系统调压

维持各母线电压在规定值范围也是电力系统运行的基本任务。调压分为整体调压和局部调压。整体调压系指控制全网的电压水平。发电机发出的有功，无功都要被负荷所消耗，当发出的有功增加时，可能会使负荷的电压增加来消耗所增加的有功，但更多的会使频率增加来消耗所增加的有功；而发出的无功增加时，负荷只能使电压增加来消耗所增加的无功，所以有功与频率的关系更密切，无功与电压的关系更密切。消耗的无功功率与电压的关系：大部分与电压成正比，有部分与电压成反比，例如变压器的漏磁和线路电抗的无功损耗，一般大约电压在额定值的 80% 以上，负荷的无功随着电压增加而增大，在 80% 以下，负荷的无功随着电压下降而增加，这样以负荷的无功功率为纵坐标，以电压为横坐标便形成一条打钩形的曲线。正常运行情况下，电压都在额定电压左右变化，所以负荷的无功功率与电压成正比关系。如果发出的无功大于消耗的无功，电网电压就会增高；如果发出的无功小于消耗的无功，电网电压就会下降。因此，整体调压就是要控制系统的无功平衡。电网所需的无功功率是无时无刻在发生变化，所以需要一套自动装置跟踪无功功率的变化，随时调整无功电源发出的无功功率，使电压保持在规定值的范围内。无功功率自动调整装置除了按满足电压要求进行调节外，还可以按最优原则进行调节。最优原则是满足电压要求下使全网的有功损耗最少来分配无功电源发出的无功。整体调压不一定能满足各局部地区电压的要求，所以还需进行局部调压。局部调压的措施有：做好局部地区无功平衡，即投切无功补偿装置，调节变压器的分接头，改变电网运行方式等。

电力系统规划设计或运行都需要对各种运行方式进行潮流计算，以便确定各母线电压和线路功率分布，如果电压不能满足要求，应采取相应措施。

无功功率小幅度变化时属于调压问题，大幅度变化是属于电压稳定性问题。如果出现大量无功缺额，电压会大幅度下降，负荷需要的无功反而增加（见前述无功与电压关系），使电压进一步下降，形成恶性循环，导致系统瓦解。为了防止电压失稳，一般要求电压不得低于百分之八十的额定电压下运行。

（三）电力系统稳定性

电力系统的发电机都是采用同步发电机。所有的发电机保持电气速度相等是同步发电机并列运行的必需条件。发电机的速度是由输入机械功率和输出电功率决定的，当输入功率等于输出功率时，发电机保持恒定速度运行。正常运行时，电力系统所有发电机都是保持相同速度运行，但是系统受到干扰后电功率将发生变化，而发电机的机械功率变化非常缓慢，几乎是保持不变，各发电机离干扰源的距离不同，其电功率受干扰后的变化不相同，所以各发电机的速度变化不一样，经历不同速度的变化，依靠电力系统自身的能力，如果所有的发电机能恢复到相同速度下运行，则称电力系统是稳定的；如果有一台或几台发电机不能恢复到相同速度下运行，则称电力系统是不稳定的。电力系统无时无刻受到干扰，因此保持电力系统稳定运行是对电力系统运行的基本要求。

电力系统遭受到的干扰分为两种，一种是小干扰，例如负荷小幅度的变化，导线温度的变化；另一种是大干扰，例如大负荷的投切，发电机的投切，短路故障。电力系统的稳定性分为两大类，遭受小干扰的稳定性称为静态稳定性；遭受大干扰的稳定性称为暂态稳定性。这两类稳定性的分析方法不相同，静态稳定一般采用小振动法，即首先列出系统各元件暂态过程的微分方程，在正常运行点进行线性化，求得线性微分方程，然后求解线性微分方程的特征根（值），最后根据特征根的性质，判别系统在该运行方式是否稳定，如果特征根有实数根或有实部为正的复数根，则系统是不稳定的，如果所有的特征根均为负实数或实部为负的复数，则系统是稳定的。暂态稳定一般采用数值分析法，即以正常运行点为初始值，以某一干扰为条件，解系统暂态过程的微分方程，求得系统各状态变量的变化曲线，一般以发电机转子的相对位置角的变化过程作为稳定性的判别依据，若所有的两台发电机转子相对位置角随时间变化能趋向某一数值，说明所有发电机转子的电气速度是一样的，则系统是稳定的，若某两台发电机转子相对位置角随时间变化一直增大或振荡增大，则系统是不稳定的。判别暂态稳定性的方法还有一种叫能量函数法，也称李雅普洛夫方法，首先计算正常运行方式，某一种干扰下，系统所能承受的干扰能量，其次计算该情况下的实际干扰能量，最后比较这两个计算值，若实际干扰能量小于所能承受的干扰能量，则系统是稳定的，否则系统是不稳定的。一般三相短路的干扰量最大，现在普遍采用三相短路校验系统的暂态稳定。

提高静态稳定性的主要措施有：①减少电网的电抗（阻抗），也就是提高电网的紧密度，也就是减少发电机之间的距离，也就是减少各发电机受干扰差别的程度；②发电机采用先进的励磁调节装置，也就是快速增加发电机的电势，增加发电机电功率的反应速度（或适应能力）。

提高暂态稳定性的主要措施有：①减少故障持续时间，包括继电保护动作时间和断路器切除故障时间，大干扰以短路故障（三相短路）为最大干扰。减少故障持续时间就是减少干扰量；②增加靠近短路点发电机输出的电功率：因短路时短路点附近发电机的输出电功率急剧下降，而使发电机转子加速，增加输出电功率，可使发电机转子加速减缓。增加发电机输出功率的方法有电气制动，即发电机母线并接一个电阻负荷，或定子回路串接一个电阻；对于接地短路，还可以在变压器中性点接一小阻抗。③减少靠近短路点发电机输入机械功率：因短路时短路点附近发电机的电功率是减少的，减少发电机输入功率，可降低发电机的加速。减少发电机输入功率的方法有机械制动，即对发电机转子进行刹车。有时为了满足稳定性要求还可以切除短路点附近极少部分发电机。④采用直流输电方式：当电力系统发电机台数非常多时，要协调所有发电机同步运行比较困难，可将发电机分为两群或更多群，每群之间用直流输电系统连接，因为群间发电机不存在同步运行，只有群内的发电机才存在同步运行。采用直流输电方式是解决大电力系统稳定运行问题的一个好办法。

（四）过电压

调压是属于电能电压质量问题，过电压是属于系统安全问题。所谓过电压是系统出现某些运行方式时，会产生电压大大超过正常运行范围或受外界影响产生电压过高，危及人身和设备的安全。避免某些运行方式的出现和采取措施防止过电压产生的危害，是电力系统设计和运行部门应关注的问题。过电压分为内部过电压和外部过电压。外部过电压是雷击和雷电波入侵产生的过电压，详见第七章分析。这里要讨论的是内部过电压。

内部过电压大致分为三类：工频过电压，谐振过电压和操作过电压。

1. 工频过电压

大致有四种情况。

（1）输电线路空载运行，线路末端电压大大高于首端电压，这是因为线路容性无功向首端输送引起的。特别是 220kV 以上的输电线路。这种线路初次投入运行要进行零起升压，由一台发电机经升压变压器对输电线逐步升压。避免出现过电压。

（2）突然甩负荷，引起发电功率大于负荷功率，产生的过电压。当系统容量足够大时，甩负荷不会产生严重后果，依靠发电机的调节设备可使电压很快恢复到正常水平。如果会出现严重后果，可切除部分无功电源。

（3）发生接地短路时，故障相的电流大大增加，由于输电线相间的电磁感应作用下会使非故障相的电压大大增高。由于故障后继电保护装置会动作，过电压很快就消失，一般不必采取防过电压措施。

（4）三相不对称引起中性点电压漂移，造成一相电压升高，严重时电压会升至额定电压的 1.5 倍。低压系统出现三相不对称可能会造成大量用电设备损坏。解决这个问题的办法是尽量做到三相负荷平衡。

2. 谐振过电压

它是由于特定回路中电抗参数值接近容抗参数值，且电阻很小时，形成谐振回路，使回路电流显著增大，引起某些节点电压增高。如果电感元件为由铁磁材料制成的变压器或电压互感器，发生的谐振，称为铁磁谐振。铁磁材料具有非线性特性，因此也称为非线性谐振。电网发生谐振可能出现在下列几种情况：

（1）中性点不接地线路发生间歇性单相接地，由变压器与线路电容构成的回路。当电容电流超过规定值时，应加装消弧线圈。

（2）中性点经消弧线圈接地系统，当消弧线圈接近全补偿时，发生单相接地，由消弧线圈与线路对地电容构成的回路。应选好消弧线圈的脱谐度，避免谐振发生。

（3）单一电源侧中性点不接地系统发生单相断线时，由变压器与线路对地电容构成的回路。应避免这种运行方式出现。

（4）小电流接地系统中，中性点接地的电压互感器与空载线路相连时，由电压互感器与线路对地电容构成的回路。电压互感器的中性点经一电阻接地或开口三角形绕组装设一电阻，可以避免谐振过电压的出现。

3. 操作过电压

它是由于断路器操作引起的暂态过电压。断路器操作会使电路发生突变，突变瞬间电路中电感元件的磁链不能发生突变，电容元件的电荷不能发生突变，因此电流，电压必然要产生一个非周期分量，使其磁链、电荷不突变，非周期分量与正常分量叠加在一起，这就会使电流和电压大大超过正常值引起过电压。容易引起过电压的操作有：电容器无功补偿装置的操作，空载线路的操作，空载变压器的操作，大型电动机的操作，三相断路器不同时合（分）出现非全相操作。当过电压严重时可装设避雷器以消除过电压。

第四节　低压配电系统接地方式

低压配电系统接地分为工作接地和保护接地。

工作接地是 380V（线电压）系统为了获得 220V 相电压，在星型接法的三相变压器（或发电机）中的中性点直接接地，并以三相四线制（其中一线为中性线或称零线，用字母 N 表示）方式向用电设备供电。380V 系统可分为中性点接地和不接地（包括经大阻抗接地）两种情况。

保护接地是为了保护人身安全，在正常情况下，用电设备不带电的金属外壳加以接地。

低压配电系统接地方式是由这两种接地混合组成。分为五种常用接地方式：①TN-S 系统；②TN-C 系统；③TN-C-S 系统；④TT 系统；⑤IT 系统。

第一个字母表示工作接地方式，T 表示中性点是直接接地，I 表示中性点不接地或经大阻抗接地。

第二个字母表示保护接地方式，N 表示保护接地与中性点接地共享同一接地点，T 表示用电设备不带电的金属外壳直接接地。

横线后的字母 S 表示中性线 N 和保护接地线（用字母 PE 表示）各自独立，它们都是从电源中性点接地处引出的。有的将这称为五线制。

横线后的字母 C 表示中性线 N（零线）和保护接地线 PE 表示共用一根导线，用PEN 表示。这说明用电设备的零线和保护接地线都是接在 PEN 线上。PEN 线允许重复接地。有的将这称为四线制。

横线后的字母 C-S 表示中性线 N 和保护接地线 PE 表示从电源引出的前面部分共用一根线 PEN，后面部分从 PEN 线分为中性线 N 和保护接地线 PE 两根，再不合并。有的把这称为四线半制。

（1）TN-S：这种接地方式的优点是 PE 线正常运行方式下无电流通过，接在该线上的用电设备的金属外壳无对地电压，保证接触到用电设备的金属外壳人员的人身安全；当用电设备一相与外壳发生故障时，通过 PE 线产生很大的短路电流，线路的继电保护装置会迅速切除故障，确保设备和人身安全。这种接地方式是我国工业与民用建筑低压供电系统首选的方式，并已普遍大量采用。这种方式的缺点是增加一根导线的费用，但极其有限，而且要求 PE 线不允许断线。

（2）TN-C：与上一种接地方式比较，其优点是节省一根导线。其缺点是当三相负荷不平衡时，PEN 线上有不平衡电流通过，用电设备外壳存在对地电压，当不平衡电流较大时，存在着不安全性。而且要求 PEN 线不能断线，所以 PEN 线进入设备前应重复接地。因此这种方式只适合三相负荷基本平衡的供电系统或单相 220V 便携式，移动式的用电设备。

（3）TN-C-S：这种接地方式的前半部分具有 TN-C 的特点，后半部分具有 TN-S

的特点。本质上与 TN-C 一样，应用场合相似。

（4）TT：这种接地方式是以三相四线制供电，用电设备外壳各自直接接地，也就是有各自的 PE 线。在正常运行方式下，用电设备的金属外壳对地无电压存在。当用电设备一相与外壳发生故障时，经用电设备外壳直接接地线产生短路电流，但接地装置的电阻比较大时，电流不足于保护动作，切断回路断路器。这样，用电设备外壳存在不安全电压，如果外壳不接地，其电压更高，危害更大。因此要求用电设备接地电阻应满足单相接地故障时，在规定的时间内切除供电线路或使接地电压限制在 50V 以下。这种接地方式适合于用电设备不多的系统。如果用电设备多了，接地装置就多，带来的费用就增多。

（5）IT：这种接地方式是电源中性点不接地或经大阻抗接地，用电设备外壳各自直接接地。这是一种三线制的供电方式。当用电设备一相与外壳发生故障时，因没有回路，不产生短路电流，可以继续供电运行，需加单相接地检测装置便于及时报警，及时消除单相故障，避免发生多相故障。这种方式适用于矿井、游泳池等场所。

第二章

建筑电气设计基本计算

第一节 简单电路计算

电力网络元件有输电线路，变压器，电力电抗器，电力电容器等。其电气特性参数一般用集中参数电阻、电抗、电容等表示。通常假定电力网络是线性网络，其参数与其电压电流大小无关。在低压网络中，输电线路的电容比较小，一般忽略不计，只计线路的电阻和电抗。简单网络，例如一条线路，一台变压器，可以用交流电路的欧姆定律，基尔霍夫定律进行分析。复杂网络要用基于基尔霍夫定律的网络方程进行分析。这一节先分析简单电路的计算，下一节才分析复杂网络。

一、标幺制

标幺制系指将物理量转换为标幺值进行计算。标幺值的表示式为：

$$\text{一个物理量的标幺值} = \text{该物理量的实际值} / \text{该物理量的基准值} \qquad (2\text{-}1)$$

电气计算中广泛采用标幺制。采用标幺值计算有如下好处：不同电压等级不需要进行归算，计算数值容易比较。

首先要选择基准量。电气计算一般有四个物理量：功率、电压、电流和阻抗。它们之间的关系见式（2-2）和式（2-3）。这四个电气量中的两个量的基准值选定后，另外两个电气量的基准值就确定了。多数先选功率 S_B 和电压 U_B 的基准值，那么电流 I_B 和阻抗 Z_B 的基准值也就确定了，即

$$I_B = S_B/(\sqrt{3}U_B) \qquad (2\text{-}2)$$

$$Z_B = U_B^2/S_B \qquad (2\text{-}3)$$

不同电压等级电网的基准电压是不相同的，所以不同电压等级电网的基准电流和基准阻抗也是不相同的。习惯上基准功率选 100MVA 或 1000MVA。基准电压有两种取法，一种取平均电压为基准电压；另一种取电网额定电压。前一种基准电压为 3.15kV、6.3kV、10.5kV、37kV、115kV、230kV、525kV 等；后一种基准电压为 3kV、6kV、10kV、35kV、110kV、220kV、500kV 等。

二、线路和变压器参数计算

110kV 以下电压等级的线路一般不计电容，其电气参数用电阻 R_L 和电抗 X_L 串联而

成的阻抗 Z_L 表示。电阻由线路导线的型号查表求得的单位长度的电阻与线路长度相乘而得。电抗由式（2-4）计算。

$$X_L = [0.1445\log(D_m/r) + 0.0157] \times L \qquad (2\text{-}4)$$

式中　　　　D_m——线路导线的几何均距，即 $D_m = \sqrt{D_{ab}D_{ac}D_{bc}}$；

D_{ab}、D_{ac}、D_{bc}——分别为三相导线之间的距离；

　　　　　　r——导线半径；

　　　　　　L——线路长度。

不难发现导线之间距离越大线路电抗越大，一相导线电抗的大小是由链过导线的磁链决定的。由于其他两相产生的磁链对一相导线的磁链起着去磁作用，当导线距离越大时去磁作用越小，所以电抗就越大。

变压器的电气特性通常用一个等值电路表示，如图 2-1 所示，串联支路用变压器电阻 R_T 和漏电抗 X_T 表示，高压侧用一对地激磁支路表示，用导纳 $G_T + jB_T$ 表示。

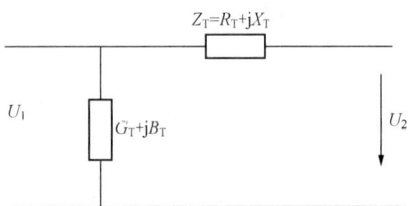

图 2-1　变压器等值电路

变压器出厂时提供短路试验和空载试验的四个数据：即短路铜耗 P_k，短路电压百分数 $u_k\%$，空载铁耗 P_0 和空载电流百分数 $I_0\%$。短路试验是变压器二次侧短接，一次侧逐步升高电压，使一次侧电流达到额定电流。此时可测得有功损耗和一次侧所加电压值。由于短路试验一次侧所加电压远低于额定电压，可近似认为有功损耗是由绕组导线电阻产生的，忽略铁耗。所以这个有功损耗就是铜耗 P_k。短路试验一次侧测得电压值除于额定电压，再乘以 100 就是短路电压百分数 $u_k\%$。由于电阻 R_T 比漏抗 X_T 小得很多，可近似认为短路电压降都是由漏抗产生的。据此由短路铜耗 P_k 可以计算出变压器的电阻 R_T，由短路电压百分数 $u_k\%$ 计算出变压器的电抗 X_T，因为

$$P_k = 3I_N^2 R_T \qquad (2\text{-}5)$$

和

$$u_k\% = [(\sqrt{3}I_N X_T)/U_N] \times 100 \qquad (2\text{-}6)$$

计及 $I_N = S_N/(\sqrt{3}U_N)$，所以

$$R_T = P_k U_N^2/1000/S_N^2 (\Omega) \qquad (2\text{-}7)$$

$$X_T = u_k\% U_N^2/100/S_N (\Omega) \qquad (2\text{-}8)$$

式中　P_k——变压器的短路铜耗，kW；

　　$u_k\%$——变压器的短路电压百分数；

　　I_N——变压器的额定电流，kA；

　　S_N——变压器的额定容量，MVA；

　　U_N——变压器的额定电压，kV；

当额定电压用高压侧额定电压代入式（2-7）、式（2-8）时，那么计算出的电阻，

电抗是归算到高压侧的数值；若额定电压用低压侧额定电压代入时，计算出的电阻、电抗是归算到低压侧的数值。

变压器空载试验是二次侧开路，一次侧加额定电压，此时可测得空载有功损耗 P_0 和空载电流。将空载电流除于额定电流再乘以 100 便得空载电流百分数 $I_0\%$。空载电流很小，一次绕组导线的电阻也比较小，可近似认为有功损耗都是铁芯损耗产生的。激磁电抗比一次侧漏抗和铁耗电阻大，可近似认为空载电流是激磁电抗所决定的。根据铁芯有功损耗和空载电流计算公式可得

$$P_0 = G_T U_N^2 \times 1000 \qquad (2\text{-}9)$$

$$I_0\% = (B_T U_N / I_N / \sqrt{3}) \times 100\% \qquad (2\text{-}10)$$

由上两式可得变压器的电导和电纳为

$$G_T = P_0 / U_N^2 / 1000 \ (S) \qquad (2\text{-}11)$$

$$B_T = I_0\% S_N / U_N^2 / 100 \ (S) \qquad (2\text{-}12)$$

式中 P_0 的单位为千瓦（kW）。电导和电纳的单位为西门（S）。

在实用计算中，往往不必计算激磁支路的导纳，只计算其有功和无功功率损耗，变压器的电阻和漏电抗是需要计算的。

三、线路电压损耗和功率损耗计算

已知线路阻抗 Z_L（电阻 R_L 电抗 X_L）和电流 I_L，那么电压损耗（线电压）为

$$\Delta U_L = \sqrt{3} Z_L I_L \qquad (2\text{-}13)$$

有功功率损耗和无功损耗分别为

$$\Delta P_L = 3 R_L I_L^2 \qquad (2\text{-}14)$$

$$\Delta Q_L = 3 X_L I_L^2 \qquad (2\text{-}15)$$

如果已知的是线路末端功率（$P_{L2} + jQ_{L2}$）和电压（U_{L2} 相角为零度），那么线路的电压降为

$$\Delta V_L + j\delta V_L = [(P_{L2} - jQ_{L2}) / U_{L2}] \times (R_L + jX_L) \qquad (2\text{-}16)$$

$$\Delta V_L = (P_{L2} R_L + Q_{L2} X_L) / U_{L2} \qquad (2\text{-}17)$$

$$\delta V_L = (P_{L2} X_L - Q_{L2} R_L) / U_{L2} \qquad (2\text{-}18)$$

式中　ΔV_L——电压降的纵分量；

δV_L——电压降横分量。

线路首端的电压为

$$\overline{U}_{L1} = U_{L2} + \Delta V_L + j\delta V_L \qquad (2\text{-}19)$$

首端电压相量与末端电压相量之差称为电压降落，首端电压幅值与末端电压幅值之差称为电压损耗。首端电压（或末端电压）幅值与额定电压之差称为电压偏移。

由式（2-17）和式（2-18）可以求得电压损耗为

$$\Delta U_L = [(P_{L2}^2 + Q_{L2}^2)^{1/2} \times (R_L^2 + X_L^2)^{1/2}] / U_{L2} \qquad (2\text{-}20)$$

在近似计算时，电压损耗可以由式（2-17）计算。

线路的功率损耗为

$$\Delta P_{L} + j\Delta Q_{L} = \left[(P_{L2}^{2} + Q_{L2}^{2})/U_{L2}^{2}\right] \times (R_{L} + jX_{L}) \tag{2-21}$$

四、变压器电压和功率损耗计算

（1）变压器电压损耗计算，可参考线路的计算。

（2）变压器分接头的选择。

普通变压器分接头是不带负荷调节的，因此要求选择一个合理的分接头，以满足最大负荷和最小负荷时对电压的要求。一般变压器高压侧是连接在主电网上，电网调度部门能提供最大负荷和最小负荷变压器高压侧的电压，设为 U_{1max} 和 U_{1min}，根据运行要求，变压器低压侧最大负荷和最小负荷希望电压设为 U_{2max} 和 U_{2min}，并已知最大负荷和最小负荷的变压器传送的功率，可以选择一个合理的分接头，满足变压器低压侧最大负荷和最小负荷对电压的要求。

根据最大负荷和最小负荷的功率与高压侧电压可以计算出最大负荷和最小负荷变压器的电压损耗，设为 ΔU_{1max} 和 ΔU_{1min}，这样可计算出低压侧归算到高压侧最大负荷的电压（$U_{1max} - \Delta U_{1max}$）和最小负荷的电压（$U_{1min} - \Delta U_{1min}$），由此可以计算最大负荷和最小负荷各自所需的变压器的变比（或分接头）。变压器变比的定义为

$$K_{T} = 高压侧分接头 / 低压侧分接头 \tag{2-22}$$

分接头的位置一般用高压侧和低压侧分接头的电压表示，低压侧的分接头是不变的，设为 U_{2T}，高压侧的分接头是可调节的，设为 U_{1T}。

低压侧最大负荷所希望的电压应等于低压侧归算到高压侧的电压除以变压器的变比，即

$$U_{2max} = (U_{1max} - \Delta U_{1max})/K_{Tmax} \tag{2-23}$$

由此可计算最大负荷变压器的分接头为

$$U_{1Tmax} = (U_{1max} - \Delta U_{1max}) \times U_{2T}/U_{2max} \tag{2-24}$$

同理可计算最小负荷变压器的分接头为

$$U_{1Tmin} = (U_{1min} - \Delta U_{1min}) \times U_{2T}/U_{2min} \tag{2-25}$$

由这两个分接头取其平均计算分接头为

$$U_{1J} = (U_{1Tmax} + U_{1Tmin})/2 \tag{2-26}$$

由计算分接头选择一最接近的变压器实际分接头，再校验最大负荷和最小负荷的实际电压是否接近低压侧所希望的电压。一般不可能完全满足，但不要偏离太大。如果偏离太大可考虑采用带负荷调节的分接头或调节无功补偿器的功率。

（3）变压器功率损耗计算。

变压器功率分为两部分，一是激磁回路的功率损耗，二是变压器绕组电阻和漏电抗的功率损耗。

激磁回路的功率损耗与电压大小有关，在实用计算中，一般认为电压变化不太大，就不计及电压变化的影响，这一部分的功率损耗也就是不变。其有功损耗就是铁耗 ΔP_{FE}，等于空载损耗。

$$\Delta P_{\text{FE}} = \Delta P_0 \tag{2-27}$$

其无功损耗是激磁回路电抗的无功损耗。由于激磁电抗比激磁电阻大得很多，一般认为空载试验的空载电流是由激磁电抗决定的，所以由空载电流百分数可以确定激磁回路的无功损耗。

$$\Delta Q_{\text{FE}} = I_0 \% \times S_N/100 \tag{2-28}$$

变压器绕组电阻和漏电抗的功率损耗（铜耗 ΔP_{CU} 和漏电抗无功损耗 ΔQ_{CU}）一般也不考虑电压变化的影响，它们由短路试验的铜耗 P_k，短路电压百分数 $u_k\%$，和通过功率 S_T 决定的，即

$$\Delta P_{\text{CU}} = P_k(S_T/S_N)^2 \tag{2-29}$$

$$\Delta Q_{\text{CU}} = u_k\%(S_T^2/S_N)/100 \tag{2-30}$$

五、简单三相不对称电路计算

单个负荷用阻抗表示的三相不对称电路如图 2-2 所示。三相电源通过输电线路对三相阻抗分别为 Z_A、Z_B、Z_C 的电力用户供电，输电线 a、b、c 三相的自阻抗分别为 Z_{ia}、Z_{ib}、Z_{ic}，各相之间的互阻抗分别为 Z_{iab}、Z_{iac}、Z_{ibc}。中线阻抗为 Z_n。电源三相电动势分别用 E_a、E_b、E_c 表示。负荷端三相电压分别用 U_a、U_b、U_c 表示。负荷三相电流分别用 I_a、I_b、I_c 表示。

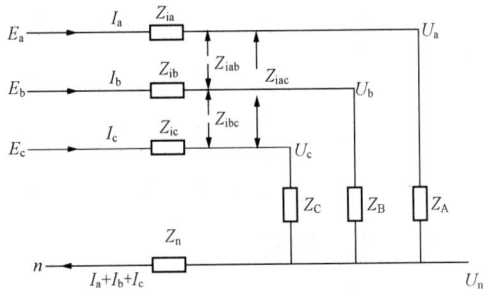

图 2-2　单个负荷用阻抗表示的三相不对称电路

根据图 2-2 电路图可以写出各相电压平衡方程：

$$E_a = Z_{ia}I_a + Z_{iab}I_b + Z_{iac}I_c + Z_A I_a + Z_n(I_a + I_b + I_c)$$
$$E_b = Z_{iab}I_a + Z_{ib}I_b + Z_{ibc}I_c + Z_B I_b + Z_n(I_a + I_b + I_c) \tag{2-31}$$
$$E_c = Z_{iac}I_a + Z_{ibc}I_b + Z_{ic}I_c + Z_C I_c + Z_n(I_a + I_b + I_c)$$

或写成矩阵形式

$$\begin{bmatrix} E_a \\ E_b \\ E_c \end{bmatrix} = \begin{bmatrix} Z_{ia} + Z_A + Z_n & Z_{iab} + Z_n & Z_{iac} + Z_n \\ Z_{iab} + Z_n & Z_{ib} + Z_B + Z_n & Z_{ibc} + Z_n \\ Z_{iac} + Z_n & Z_{ibc} + Z_n & Z_{ic} + Z_C + Z_n \end{bmatrix} \begin{bmatrix} I_a \\ I_b \\ I_c \end{bmatrix} \tag{2-32}$$

或简记为

$$E_{\text{abc}} = Z_{\text{abc}} I_{\text{abc}} \tag{2-33}$$

一般输电线路的参数和负荷的阻抗是已知的，若电源三相电压给定，根据式（2-32）式（2-33），先计算 Z_{abc} 矩阵的逆，然后再与 E_{abc} 相乘就可以求得负荷三相电流。

最后按下列式子求得负荷三相电压。

$$\begin{bmatrix} U_a \\ U_b \\ U_c \end{bmatrix} = \begin{bmatrix} E_a \\ E_b \\ E_c \end{bmatrix} - \begin{bmatrix} Z_{ia} & Z_{iab} & Z_{iac} \\ Z_{iab} & Z_{ib} & Z_{ibc} \\ Z_{iac} & Z_{ibc} & Z_{ic} \end{bmatrix} \begin{bmatrix} I_a \\ I_b \\ I_c \end{bmatrix} \qquad (2\text{-}34)$$

或简记为

$$U_{abc} = E_{abc} - Z_{iabc} I_{abc} \qquad (2\text{-}35)$$

例如：已知图 2-2 中输电线路参数为 $Z_{ia} = Z_{ib} = Z_{ic} = 0.44 + j0.495$（Ω）；$Z_{iab} = Z_{iac} = Z_{ibc} = 0.05 + j0.198$（Ω）；$Z_n = 0.79 + j0.4$（Ω）。负荷阻抗为 $Z_A = 48.4 + j9.68$（Ω）；$Z_B = 9.68 + j1.938$（Ω）；$Z_C = 48.4 + j9.68$（Ω）。电源电压为 $E_a = 230\angle 0°$（V）；$E_b = 230\angle 240°$（V）；$E_c = 230\angle 120°$（V）。求负荷三相电流和电压。

解： 根据式（2-34）和已知数据可得

$$Z_{abc} = \begin{bmatrix} 49.63 + j10.575 & 0.84 + j0.598 & 0.84 + j0.598 \\ 0.84 + j0.598 & 10.91 + j2.833 & 0.84 + j0.598 \\ 0.84 + j0.598 & 0.84 + j0.598 & 49.63 + j10.575 \end{bmatrix}$$

和电源三相电动势列向量

$$E_{abc} = \begin{bmatrix} 230\angle 0° \\ 230\angle 240° \\ 230\angle 120° \end{bmatrix}$$

首先计算 Z_{abc} 的逆矩阵为

$$Z_{abc}^{-1} = \begin{bmatrix} 0.01931 - j0.00409 & -0.00175 - j0.00026 & -0.00036 - j0.00006 \\ -0.00175 - j0.00026 & 0.08615 - j0.02214 & -0.00175 - j0.00026 \\ -0.00036 - j0.00006 & -0.00175 - j0.00026 & -0.01931 - j0.00409 \end{bmatrix}$$

将 Z_{abc}^{-1} 与 E_{abc} 相乘，便得负荷三相电流为

$$I_a = 4.64450 - j0.62463 = 4.68631\angle -7.66°$$

$$I_b = -14.46624 - j14.99416 = 20.835\angle 226.03°$$

$$I_c = -1.34149 - j4.68195 = 4.87035\angle 105.99°$$

再由式（2-35）计算负荷三相电压

$$U_a = 226.395 + j1.62135 = 226.40\angle 0.41°$$

$$U_b = -115.418 - j186.284 = 219.14\angle 238.22°$$

$$U_c = -114.693 + j200.515 = 231.00\angle 119.77°$$

最后计算中线电流为

$$I_n = I_a + I_b + I_c = -11.163 + j10.937 = 15.628 \angle 224.41°$$

和中性点电压为

$$U_n = Z_n \times (I_a + I_b + I_c) = -4.3325 - j12.996 = 13.70 \angle 251.56°$$

第二节 短 路 电 流 计 算

短路电流计算是建筑电气最常用的计算之一。校验电气设备的性能，继电保护装置和自动化装置的整定计算，都需要进行短路电流计算。短路电流计算一般只计算一重故障，是简单故障计算。简单的短路电流计算分为单相接地短路、两相短路、两相短路接地和三相短路四种。

短路过程是一个复杂的电磁暂态过程，短路电流可分为周期分量和非周期分量，周期分量从次暂态电流过渡到暂态电流，再从暂态电流过渡到稳态电流，非周期分量从某一最大值衰减到零。工程上都是采用实用计算方法，所谓实用计算方法是一般只计算短路瞬间（$t=0$）电流的周期分量，也称次暂态电流或短路电流初始值，常用 I'' 表示，非短路瞬间的电流从短路运算曲线获得。短路电流运算曲线由国家权威部门发布，以短路点的等值电抗为横坐标，短路电流为纵坐标，用不同的短路时间制作而成的曲线，它是将电力系统简化为一台发电机（水轮发电机或汽轮发电机）和一条线路，取发电机的标准参数，按不同短路点（电抗）进行理论计算求得的曲线，根据短路点的等值电抗（应归算为运行曲线发电机容量的标幺值）和短路时间就可在短路运行曲线中查找到短路电流，如果发电机实际参数与标准参数不一致时，从曲线查得的数据还需进行修正。

实用计算是一种近似计算。这种计算有如下假设：

（1）不计系统元件的电阻，只计元件的电抗或用阻抗的模替代电抗。低压电网线路的电阻往往大于电抗，所以要用阻抗的模替代电抗。

（2）不计输电线路对地容纳。

（3）不计变压器非标准变比。

（4）不计负荷或负荷用恒定电抗表示。

（5）用标幺值计算时，发电机次暂态电动势的幅值的标幺值均为 1，相角均为 0，也就是正序网所有节点正常电压标幺值均为 1。发电机用次暂态电势和直轴次暂态电抗 X''_d 表示。如果发电机用直轴电抗 X_d 表示，计算的结果是稳态短路电流。

（6）当设计的供电网所连接的系统是一个非常大系统（容量比大于 10 以上），可以认为大系统是一个无限大系统，即所连接的母线的电压保持不变，也就是进行短路电流计算时，可设连接母线连接一台次暂态电势等于 1，电抗为零的发电机。

继电保护装置的整定计算都是采用短路瞬间电流的周期分量，实用计算电流与实际电流会有误差，一般用可靠系数和灵敏系数给予补救。选择电气设备所需的短路电流有三种情况，一是确定断路器的断流容量，这与继电保护动作时间有关，曾经以 0.2s 为切断时间，现在多数采用短路瞬间的电流为断流容量。这是因为电力系统不断发展，断流容量年年增加，电力管理部门每年都要对管辖的断路器进行一次断路容量校验，免得经常更换断路器。二是计算电气设备所受的电动力，电动力与瞬间最大电流有关，瞬间最大电流等于 $\sqrt{2}I''$ 再乘短路电流峰值系数。短路电流系数是考虑非周期分量影响的系数。一般取 1.8，靠近发电机端短路时，可取 1.9。三是计算电气设备短路发热，发热与短路次暂态电流和非周期分量电流有关，还与短路持续时间有关。用实用短路电流计算方法计算的短路电流一般偏大，对选择电气设备不会产生不利影响。

短路电流大小与运行方式有关。继电保护整定计算一般要计算最大运行方式，正常运行方式和最小运行下的短路电流。选择电气设备一般计算最大运行方式下的短路电流。

综上所述，最关键的是计算短路瞬间电流的周期分量，简单网络采用网络化简方法就可以进行短路电流计算，复杂网络计算就不那么简单，一般要采用网络方程进行计算。下面介绍复杂网络短路电流的计算方法。

短路计算一般采用对称分量法。首先，假设电力网络是线性网络。线性网络可以应用迭加原理进行计算。将三相网络分解为正序，负序和零序三个网络。并假定正常情况下网络是对称的，即三个序网是各自独立的。然后，再应用迭加原理，将各个序网的电压，电流分解为正常分量和故障分量。实际上，正常情况只有正序网电压和电流存在，而负序和零序网电压和电流均为零。最后，根据故障点故障类型的边界条件，将三个序网连成一个完整的网络，应用线性交流电路理论，计算出三个序网电压，电流的故障分量，再与正常分量相加，便求得三序电压，电流的实际值。由三序电压和电流就可以计算出三相电压和电流。

三相系统对称分量法就是把一组具有三个不对称相量系统分解为具有不同相序的三组对称三相系统，然后对三组对称分量及其相关的系统进行求解，求得三组对称分量，最后利用叠加原理得出三个不对称相量系统。

设一组不对称三相量电压为 $\overline{U}_a$、$\overline{U}_b$、$\overline{U}_c$，可分解为三组对称分量。这三组对称分量的特点是：

1）正序分量：三相量大小相等，相位彼此相差 120°，其相序与系统正常对称运行方式的相序一致。即 b 相超前 a 相 240°，c 相超前 a 相 120°。设这组正序分量的三相电压向量分别为 $\overline{U}_{a1}$、$\overline{U}_{b1}$、$\overline{U}_{c1}$。它们的数学关系式为

$$\overline{U}_{b1} = a^2\overline{U}_{a1} \quad \overline{U}_{c1} = a\overline{U}_{a1} \tag{2-36}$$

式中： $\quad a=e^{j120}=-1/2+j\sqrt{3}/2 \quad a^2=e^{j240}=-1/2-j\sqrt{3}/2 \tag{2-37}$

其向量图如图 2-3 中分图（a）所示。

2）负序分量：三相量大小相等，相位彼此相差 120°，其相序与系统正常对称运行方式的相序相反。即 b 相超前 a 相 120°，c 相超前 a 相 240°。设这组负序分量的三相电

压向量分别为 $\overline{U}_{a2}$、$\overline{U}_{b2}$、$\overline{U}_{c2}$。它们的数学关系式为

$$\overline{U}_{b2} = a\overline{U}_{a2} \quad \overline{U}_{c2} = a^2\overline{U}_{a2} \tag{2-38}$$

其向量图如图 2-3 中分图（b）所示。

3）零序分量：三相量大小相等，相位相同。设这组零序分量的三相电压向量分别为 $\overline{U}_{a0}$、$\overline{U}_{b0}$、$\overline{U}_{c0}$，它们的数学关系式为

$$\overline{U}_{a0} = \overline{U}_{b0} = \overline{U}_{c0} \tag{2-39}$$

其向量图如图 2-3 中分图（c）所示。

图 2-3 三相系统的对称分量
(a) 正序分量；(b) 负序分量；(c) 零序分量

为了证明一组不对称三相向量可以分解成上述三组对称分量，不妨先假设一组不对称的三相电压向量是由上述三组对称分量叠加而成的。即

$$\overline{U}_a = \overline{U}_{a1} + \overline{U}_{a2} + \overline{U}_{a0}$$

$$\overline{U}_b = \overline{U}_{b1} + \overline{U}_{b2} + \overline{U}_{b0} \tag{2-40}$$

$$\overline{U}_c = \overline{U}_{c1} + \overline{U}_{c2} + \overline{U}_{c0}$$

将式（2-36）、式（2-38）和式（2-39）代入式（2-40）可得

$$\overline{U}_{a1} = (\overline{U}_a + a\overline{U}_b + a^2\overline{U}_c)/3$$

$$\overline{U}_{a2} = (\overline{U}_a + a^2\overline{U}_b + a\overline{U}_c)/3 \tag{2-41}$$

$$\overline{U}_{a0} = (\overline{U}_a + \overline{U}_b + \overline{U}_c)/3$$

同理三相电流向量也可得出式（2-40）式（2-41）的关系式。若已知三相量，由式（2-41）可以求得三序量；若已知三序量，由式（2-40）可以求得三相量。

由于不计故障时，序网的三相是对称的，因此各个序网可用单相网络表示。各序的电压，电流都用 A 相表示。根据戴维南定理，每个序网相对于故障点，都可以用一个等值电动势和一个等值阻抗表示，由于负序和零序网没有电源，其等值电动势等于零。设故障点为 f 节点。由此可以求得三个序网相对于故障点的电压方程为

$$\overline{U}_{f(1)} = \overline{U}_{f(0)} - Z_{ff(1)} \cdot \overline{I}_{f(1)}$$

$$\overline{U}_{f(2)} = -Z_{ff(2)} \cdot \overline{I}_{f(2)} \tag{2-42}$$

$$\overline{U}_{f(0)} = -Z_{ff(0)} \cdot \overline{I}_{f(0)}$$

式中　$\overline{U}_{f(1)}$——故障点的正序电压；

　　　　$\overline{U}_{f(2)}$——故障点的负序电压；

　　　　$\overline{U}_{f(0)}$——故障点的零序电压；

　　　　$\overline{I}_{f(1)}$——故障点的正序电流；

　　　　$\overline{I}_{f(2)}$——故障点的负序电流；

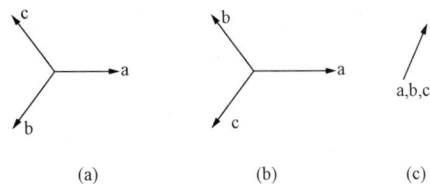

$\overline{I}_{f(0)}$——故障点的零序电流；

$Z_{ff(1)}$——故障点的正序等值阻抗；

$Z_{ff(2)}$——故障点的负序等值阻抗；

$Z_{ff(0)}$——故障点的零序等值阻抗；

$\overline{U}_{f(0)}$——故障点正常时的电压（对应故障点正序网的等值电动势）。

这里的电压是故障点对地的电压，电流的正方向是从电网流向故障点为正方向。

短路分为四种，现分别讨论。

1. 单相接地短路

以 A 相接地短路为例。A 相接地短路时，A 相电压等于零，B、C 相对地电流等于零，即

$$\overline{U}_{f(a)} = 0; \ \overline{I}_{f(b)} = 0; \ \overline{I}_{f(c)} = 0 \tag{2-43}$$

根据对称分量法，由三相电流可求得三序电流，并将式（2-43）代入，则得

$$\overline{I}_{f(1)} = (\overline{I}_{f(a)} + a\overline{I}_{f(b)} + a^2\overline{I}_{f(c)})/3 = \overline{I}_{f(a)}/3$$

$$\overline{I}_{f(2)} = (\overline{I}_{f(a)} + a^2\overline{I}_{f(b)} + a\overline{I}_{f(c)})/3 = \overline{I}_{f(a)}/3$$

$$\overline{I}_{f(0)} = (\overline{I}_{f(a)} + \overline{I}_{f(b)} + \overline{I}_{f(c)})/3 = \overline{I}_{f(a)}/3$$

由此可知故障点三序电流相等，即

$$\overline{I}_{f(1)} = \overline{I}_{f(2)} = \overline{I}_{f(0)} \tag{2-44}$$

故障点 A 相电压等于零，也就是三序电压之和等于零，即

$$\overline{U}_{f(1)} + \overline{U}_{f(2)} + \overline{U}_{f(0)} = 0 \tag{2-45}$$

由式（2-44）、式（2-45）和式（2-42）联合求解，可求得故障点正序电流为

$$\overline{I}_{f(1)} = \overline{U}_{f[0]}/(Z_{ff(1)} + Z_{ff(2)} + Z_{ff(0)}) \tag{2-46}$$

由式（2-44）可求得故障点负序电流和零序电流。将三序电流代入式（2-42）就可求得故障点三序电压。

由式（2-44）～式（2-46）可知，单相接地短路时，短路点的三序电流相等，三序电压之和等于零，正序电流等于短路点正常运行时的电压除以三序等值阻抗之和。

2. 两相短路

以 BC 相短路为例。BC 相短路时，A 相电流于零，B、C 相电流大小相等，方向相反，B、C 相电压相等，即

$$\overline{I}_{f(a)} = 0; \ \overline{I}_{f(b)} = -\overline{I}_{f(c)}; \ \overline{U}_{f(b)} = \overline{U}_{f(c)} \tag{2-47}$$

由三相电流可求得三序电流为

$$\overline{I}_{f(1)} = (\overline{I}_{f(a)} + a\overline{I}_{f(b)} + a^2\overline{I}_{f(c)})/3 = (a - a^2)\overline{I}_{f(b)}/3$$

$$\overline{I}_{f(2)} = (\overline{I}_{f(a)} + a^2\overline{I}_{f(b)} + a\overline{I}_{f(c)})/3 = (a^2 - a)\overline{I}_{f(b)}/3$$

$$\overline{I}_{f(0)} = (\overline{I}_{f(a)} + \overline{I}_{f(b)} + \overline{I}_{f(c)})/3 = 0$$

由此可知故障点正序电流与负序电流大小相等，方向相反，零序电流等于零，即

$$\overline{I}_{f(1)} = -\overline{I}_{f(2)}; \ \overline{I}_{f(0)} = 0 \tag{2-48}$$

由 B，C 相电压相等可得

$$\overline{U}_{f(b)} = a^2\overline{U}_{f(1)} + a\overline{U}_{f(2)} + \overline{U}_{f(0)} = \overline{U}_{f(c)} = a\overline{U}_{f(1)} + a^2\overline{U}_{f(2)} + \overline{U}_{f(0)}$$

即

$$\overline{U}_{f(1)} = \overline{U}_{f(2)} \tag{2-49}$$

将式（2-48）和式（2-49）代入式（2-42），可得故障点的正序电流为

$$\overline{I}_{f(1)} = \overline{U}_{f(0)}/(Z_{ff(1)} + Z_{ff(2)}) \tag{2-50}$$

由式（2-48）～式（2-50）可知，两相短路时，短路点的正序电流和负序电流幅值相等，方向相反，没有零序分量，正序电压等于负序电压，正序电流等于短路点正常运行时的电压除以正、负序等值阻抗之和。

3. 两相短路接地

以 BC 相短路接地为例。BC 相短路接地时，A 相电流等于零，B、C 相电压等于零，即

$$\overline{I}_{f(a)} = 0; \overline{U}_{f(b)} = 0; \overline{U}_{f(c)} = 0 \tag{2-51}$$

由三相电压可求得三序电压为

$$\overline{U}_{f(1)} = (\overline{U}_{f(a)} + a\overline{U}_{f(b)} + a^2\overline{U}_{f(c)})/3 = \overline{U}_{f(a)}/3$$

$$\overline{U}_{f(2)} = (\overline{U}_{f(a)} + a^2\overline{U}_{f(b)} + a\overline{U}_{f(c)})/3 = \overline{U}_{f(a)}/3$$

$$\overline{U}_{f(0)} = (\overline{U}_{f(a)} + \overline{U}_{f(b)} + \overline{U}_{f(c)})/3 = \overline{U}_{f(a)}/3$$

由此可知故障点三序电压相等，即

$$\overline{U}_{f(1)} = \overline{U}_{f(2)} = \overline{U}_{f(0)} \tag{2-52}$$

故障点 A 相电流等于零，也就是三序电流之和等于零，即

$$\overline{I}_{ff(1)} + \overline{I}_{ff(2)} + \overline{I}_{ff(0)} = 0 \tag{2-53}$$

将式（2-52）和式（2-53）代入式（2-42），求得故障点正序电流为

$$\overline{I}_{f(1)} = \overline{U}_{f[0]}/[Z_{ff(1)} + (Z_{ff(2)} \cdot Z_{ff(0)})/(Z_{ff(2)} + Z_{ff(0)})] \tag{2-54}$$

由式（2-52）～式（2-54）可知，两相短路接地时，短路点的三序电流之和等于零，三序电压相等，正序电流等于短路点正常运行时的电压除以正序等值阻抗与负，零序阻抗的并联阻抗之和。

4. 三相短路

三相接地短路时，三相电压等于零，即

$$\overline{U}_{f(a)} = 0 \, ; \overline{U}_{f(b)} = 0 \, ; \overline{U}_{f(c)} = 0 \qquad (2\text{-}55)$$

由此可得三序电压也等于零，即

$$\overline{U}_{f(1)} = 0 \, ; \overline{U}_{f(2)} = 0 \, ; \overline{U}_{f(0)} = 0 \qquad (2\text{-}56)$$

将式（2-56）代入式（2-42）可得

$$\overline{I}_{f(1)} = \overline{U}_{f[0]} / Z_{ff(1)} \qquad (2\text{-}57)$$

由式（2-56）和式（2-57）可知，三相短路时，没有负序和零序分量，正序电流等于短路点正常运行时的电压除以正序等值阻抗。

据上面分析得出四种短路方式故障点正序电流的计算公式（2-46）、式（2-50）、式（2-54）和式（2-57）可知，短路电流计算关键是先求得故障点正常电压，也就是对应故障点正序电网的等值电动势 $\overline{U}_{f[0]}$，和三个序网对应故障点的等值阻抗 $Z_{ff(1)}$、$Z_{ff(2)}$、$Z_{ff(0)}$。

故障点正常电压由正常运行条件决定。

根据式（2-42）可知，三个序网对应故障点的等值阻抗 $Z_{ff(1)}$、$Z_{ff(2)}$、$Z_{ff(0)}$ 的物理意义是各序网的电动势等于零，故障点加单位电流时，故障点测得的电压。复杂系统短路电流的计算都是用网络方程求解的。网络方程有导纳型的节点网络方程和阻抗型的节点网络方程。各个序网都有相应的网络方程。导纳型网络方程的特性是用导纳矩阵表示，阻抗型网络方程的特性是用阻抗矩阵表示。导纳矩阵与阻抗矩阵是互逆的，已知导纳矩阵可以求得阻抗矩阵；已知阻抗矩阵也可以求得导纳矩阵。阻抗矩阵的第 f 行对角元素的物理意义就是只有 f 点加单位电流，其他节点电流等于零时，f 点测得的电压。由此可见，正、负，零序网阻抗矩阵第 f 行的对角元素，即 f 点的自阻抗，就是故障点等值阻抗 $Z_{ff(1)}$、$Z_{ff(2)}$、$Z_{ff(0)}$。若已求得三个序网阻抗矩阵第 f 行对角元素和故障点正常电压，由式（2-46）、式（2-50）、式（2-54）、式（2-57）就可以计算出故障点的三序电流。再由每一个序网故障点的电流，用阻抗型网络方程计算故障时各个节点的电压。当只有故障点有注入电流，其他节点注入电流均为零时，则阻抗型网络方程为

$$\begin{bmatrix} Z_{11} & Z_{12} & \cdots & Z_{1f} & \cdots & Z_{1n} \\ Z_{21} & Z_{22} & \cdots & Z_{2f} & \cdots & Z_{2n} \\ & & \cdots & & \cdots & \\ Z_{f1} & Z_{f2} & \cdots & Z_{ff} & \cdots & Z_{fn} \\ & & \cdots & & \cdots & \\ Z_{nf1} & Z_{n2} & \cdots & Z_{nf} & \cdots & Z_{nn} \end{bmatrix} \begin{bmatrix} 0 \\ 0 \\ \bullet \\ -\overline{I}_f \\ \bullet \\ 0 \end{bmatrix} = \begin{bmatrix} \overline{U}_1 \\ \overline{U}_2 \\ \bullet \\ \overline{U}_f \\ \bullet \\ \overline{U}_n \end{bmatrix} \qquad (2\text{-}58)$$

由上述网络方程就可以求得三个序网各节点电压的故障分量，再与节点电压的正常分量相加，便得各节点三序的实际电压。三个序网各节点的实际电压分别为

$$\overline{U}_{i(1)} = \overline{U}_{i[0]} - Z_{if(1)} \cdot \overline{I}_{f(1)}$$

$$\overline{U}_{i(2)} = -Z_{if(2)} \cdot \overline{I}_{f(2)}$$ (2-59)

$$\overline{U}_{i(0)} = -Z_{if(0)} \cdot \overline{I}_{f(0)}$$

式中　$\overline{U}_{i(1)}$——正序网第 i 节点的实际电压；

$\overline{U}_{i(2)}$——负序网第 i 节点的实际电压；

$\overline{U}_{i(0)}$——零序网第 i 节点的实际电压；

$\overline{U}_{i[1]}$——正序网第 i 节点电压的正常分量；

$Z_{if(1)}$——正序阻抗矩阵第 i 行第 f 列元素；

$Z_{if(2)}$——负序阻抗矩阵第 i 行第 f 列元素；

$Z_{if(0)}$——零序阻抗矩阵第 i 行第 f 列元素。

由各节点的三序电压和支路的三序阻抗就可以计算出支路的三序电流。再由节点的三序电压和支路的三序电流就可以计算出节点的三相电压和支路的三相电流。

归结起来，计算第 f 节点短路电流的关键，就是求各序网阻抗矩阵第 f 列元素。阻抗矩阵第 f 列元素等于在第 f 节点加入单位电流，其他节点注入电流为零时，网络各节点的电压值。因此，可以利用导纳型网络方程来求阻抗矩阵的一列元素，即

$$\begin{bmatrix} Y_{11} & Y_{12} & \cdots & Y_{1f} & \cdots & Y_{1n} \\ Y_{21} & Y_{22} & \cdots & Y_{2f} & \cdots & Y_{2n} \\ & & \cdots & & \cdots & \\ Y_{f1} & Y_{f2} & \cdots & Y_{ff} & \cdots & Y_{fn} \\ & & \cdots & & \cdots & \\ Y_{n1} & Y_{n2} & \cdots & Y_{nf} & \cdots & Y_{nn} \end{bmatrix} \begin{bmatrix} \overline{U}_1 \\ \overline{U}_2 \\ \bullet \\ \overline{U}_f \\ \bullet \\ \overline{U}_n \end{bmatrix} = \begin{bmatrix} 0 \\ 0 \\ \bullet \\ 1 \\ \bullet \\ 0 \end{bmatrix}$$ (2-60)

方程（2-60）是一组线性方程。常数项向量只有第 f 行元素为1，其他行的元素均为0。不同节点短路，只要修改常数项向量中的元素，就可以求出阻抗矩阵不同列的元素。为此，可以将方程（2-60）中的系数矩阵，即导纳矩阵预先进行三角分解或形成因子表。求不同节点短路电流，只需对不同的常数项向量进行前代和回代运算，就可以求得阻抗矩阵不同列的元素。

只有复杂网络才需要用线性网络方程（2-60）计算各序网等值阻抗 $Z_{ff(1)}$、$\cdot Z_{ff(2)}$、$\cdot Z_{ff(0)}$，简单的电路可以用串并联方法求得各序等值阻抗。

即使使用实用计算方法，对于一个大电网的短路电流也是非常复杂的，可能涉及几千台发电机，几万条线路和几万台变压器，建筑电气设计不可能收集到这么多资料。我国电网实行分级管理，每年上级电网管理单位会向下级电网管理单位发布相关某些母线的等值电抗（或短路容量），供下级电网管理单位计算短路电流之用。建筑电气设计时应向相关的电力管理部门搜取某些母线的等值电抗，使短路电流计算的范围大大缩小。

目前复杂网络的短路电流计算都由计算机来完成，作者可提供短路电流计算软件。

第三节 负 荷 计 算

消耗电能的设备称为电力负荷。一个设备、一栋大楼、一座城市、一个电网所消耗的功率不是恒定不变的，而是随着时间变化而变化。以时间为横坐标，以负荷消耗功率为纵坐标构成的曲线称为负荷曲线。负荷曲线分为有功负荷曲线和无功负荷曲线。常用的负荷曲线有日负荷曲线和年负荷曲线。日负荷曲线是以一天24h为横坐标，以负荷功率为纵坐标表示的曲线。一般用阶梯形式或折线形式表示。若有自动功率记录仪，完全是一条曲线。日负荷曲线最有意义的参数是最大负荷功率和平均负荷功率。最大负荷功率表示一天向该负荷提供最大的功率，平均功率表示该负荷一天消耗的电能。年负荷曲线是以一年8760h为横坐标，以每小时的功率为纵坐标表示的曲线。一般用阶梯形式表示，可以按时间为顺序排列，也可以按功率大小为顺序排列。年负荷曲线最有意义的参数也是年最大负荷功率和平均负荷功率。对于一个电网，年负荷最大功率决定电网机组的装机容量，对于一个供电网，年负荷最大功率决定供电变压器的容量。年平均负荷功率可以确定一年消耗的电能。年负荷最大功率对于供配电网的设计是十分重要的，是设计的基本数据。还未运行的供电网，很难知道年负荷最大功率。所谓负荷计算就是对负荷功率进行预测。建筑电气设计中最常用的负荷计算有下列几种方法。

1. 单位指标法

单位指标法最常用的是单位面积法，所谓单位面积法是已知单位建筑面积用电功率和建筑物的建筑面积，并将其相乘就可得出该建筑物的用电功率。单位建筑面积用电功率是历史统计数据，是已建成同类建筑物单位面积用电功率的平均数（下同）。不同建筑物的单位面积用电功率是不同的，例如，体育场馆每平方米用电功率为50W左右；汽车库每平方米用电功率为10W左右。

单位指标法除了单位面积法外，还有单位人均耗电法和单位产品耗电法。

2. 需要系数法

供电系统最大功率等于系统用电设备总容量乘以需要系数。即

$$P_{max} = K_X \sum P \tag{2-61}$$

式中　P_{max}——供电系统最大功率；

　　　$\sum P$——供电系统用电设备总容量；

　　　K_X——需要系数。

需要系数也有叫利用系数的，需要系数是由几种因素决定的。首先是所有用电设备运行时不可能同时运行，表示它们同时使用的程度，用一同时系数K_T表示，它是小于1的系数。第二个因素是负荷系数K_F，表示每一用电设备负荷不一定满载运行，一般低于额定功率运行。第三个因素是用电设备的效率系数η_E，用电设备的容量多数指输出功率，输出功率小于输入功率。第四个因素是线路的效率系数η_L，线路末端的功率

小于首端的功率。需要系数可表示为

$$K_X = K_T K_F / (\eta_E \eta_L) \qquad (2\text{-}62)$$

一般 K_X 小于或等于 1，也是历史统计数据。不同的用电设备的需要系数是不一样的。例如，室外照明的需要系数为 1.0；室内照明的需要系数为 0.8 左右。若已知用电设备的总容量，从用电设备的需要系数的表格中查得需要系数，由式（2-61）就可计算出用电设备的负荷功率。

当供电系统或建筑物中各种用电设备的容量差别很大时，用式（2-61）计算负荷功率会出现较大的偏差，有时可以用二项式法计算负荷功率。二项式法是将用电设备分为两类，一类为小容量的用电设备，另一类为较大容量的用电设备，它们分别采用不同的需要系数，即

$$P_{max} = K_{X1} \times \sum P_1 + K_{X2} \times \sum P_2 \qquad (2\text{-}63)$$

式中　P_{max}——供电系统最大功率；

　　$\sum P_1$——供电系统中小容量用电设备的总容量；

　　$\sum P_2$——供电系统中大容量用电设备的总容量；

　　K_{X1}——小容量用电设备的需要系数；

　　K_{X2}——大容量用电设备的需要系数。

除了计算负荷的有功功率外，还要计算负荷的无功功率。已知负荷的功率因数 $\cos\Phi$，就可以计算出负荷的无功功率，即

$$Q_{max} = P_{max} \tan\Phi \qquad (2\text{-}64)$$

功率因数 $\cos\Phi$ 可查有关表格。

第三章

供 配 电 一 次 系 统

第一节　一次系统设计概述

我国电力系统已基本构成一个复杂、统一的大电网。设计部门所设计的工厂企业、住宅区等的用电设备只是大电网的一个负荷点，也就是这些用电设备是由大电网供电的。这些用电设备有大、有小，但自身构成一个供配电网。有些大型企业用电设备高达近百万千瓦，有些企业还有自备电厂，有些单位还有应急发电机组，这些使供配电网变得十分复杂。在进行工厂企业，住宅区等供配电网设计时，首先要进行负荷预测和计算，以确定其电力需求量，其后根据需求量的大小选择供配电网的电压等级，选择供配电网的接线图，确定供电变电所，配电变电所的位置，变电所变压器台数和容量及其接线方式，确定各线路的类型，采用架空线路还是电缆，选择线路导线的面积和型号，根据短路容量，发热等选择各电器设备（断路器、隔离开关、电流互感器、电压互感器、母线）的型号，确定无功功率补偿容量和分布，有时还要计算谐波量的大小，确定抑制谐波的措施，选择抑制谐波设备，然后根据上述情况选择开关拒的型号，最后绘制施工安装图，编写说明书，设备清单和投资预算。

一次系统设计时一定要保证一次系统施工安装，运行的人身安全和设备安全，确保供电可靠，要满足电力技术要求，要经济合理，符合环保要求，要有发展的余地。随着电力技术不断发展，配电装置向无油化、免维修、小型化、紧凑型方向发展，设计时要尽量与此相适应。

第二节　供配电一次系统接线

我国供配电系统的电压等级分为高压，中压和低压。高压的电压等级为 35kV 和 110kV，个别也有采用 220kV；中压电压等级为 10kV，低压电压等级为 380/220V。根据供电需求量和供电距离确定电压等级。一般 220kV 线路输送功率为 10 万～30 万 kW，输送距离为 100～300km；110kV 线路输送功率为 1 万～5 万 kW，输送距离为 50～150km；35kV 线路输送功率为几千千瓦至 1 万 kW，输送距离为 20～50km；10kV

线路输送功率为 3000～5000kW，输送距离为 15km 以内；380V 线路输送功率为 175kW 以下，输送距离为 350m 以内；220V 线路输送功率为 100kW 以下，输送距离为 200m 以内。供配电系统设计时，一般不要将所有电压等级都选上，应尽可能地简化电压等级，以利于简化网络结构，提高运行的可靠性和经济性。110kV 和 220kV 电压等级的中性点一般采用直接接地，个别 110kV 电压等级中性点采用经消弧线圈接地，10kV 和 35kV 电压等级中性点一般采用不接地或经消弧线圈接地，380kV 电压等级中性点采用直接接地。

电压等级选定后，应选择供配电网络的接线。网络接线方式包括两个方面：线路接线方式和变电所母线的接线方式。这两者有区别，但又紧密相关，通常要一起考虑。

一、线路接线方式

根据可靠性的要求可分为无备用和有备用接线方式两大类型。

（1）无备用接线方式：如图 3-1 所示，有辐（放）射式，用单条线路供电；有干线式，由单条线路供电给第一个负荷，再由第一个负荷单条线路供电给第二个负荷，依次类推，这种接线方式后面线路故障不影响前面负荷的供电；有 T 型（树干）式，由单条线路供电，中间支接多个负荷，相当线路为一母线的供电方式，线路故障将造成所有负荷停电。

（2）有备用接线方式：如图 3-2 所示，有双回路辐射式或多回路辐射式，有双回路 T 型式或三回路 T 型式，有双回路干线式或三回路干线式，有双电源供电式或双电源双回路供电式，有单回路环型供电式或双回路或多回路环型供电式。

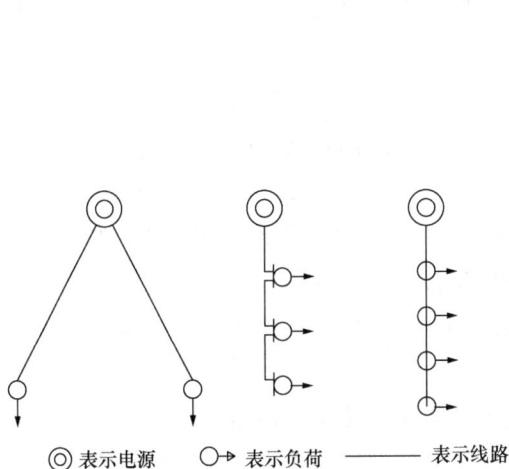

◎ 表示电源　○→ 表示负荷　—— 表示线路

图 3-1　无备用线路接线方式　　　　　图 3-2　有备用线路接线方式

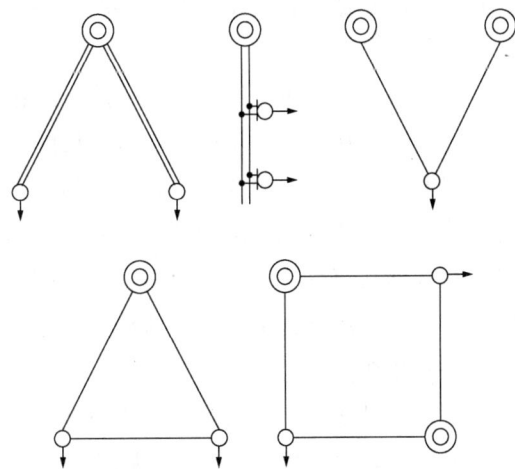

无备用接线方式的缺点是供电可靠性差，线路故障就会造成用户停电，优点是投资维修费用省；有备用接线方式的缺点是投资维修费用大，优点是供电可靠性高。要根据用户的重要性和经济实力选择接线方式。由于我国经济实力不断提高，现在更多的用户要求采用有备用接线方式。采用环型接线方式的网络一般都实行开环运行，只有在某线

路故障时才将相关的断路器自动或人工合上。

二、母线接线方式

发电厂和变电站为了汇集电流和分配电流在其高低压侧都设有汇流排，也称为母线。母线与线路，变压器相连接，其连接方式有：

（1）单母线接线：即由一条母线连接所有的线路和变压器，当母线故障时，所有连接在母线上的线路和变压器都受到影响。

（2）单母线分段接线：即母线分为两段或三段，各段母线之间用断路器连接，各线路和变压器分别连接在不同的母线段上，当某一母线故障时，只影响连接在该故障母线上的线路和变压器。

（3）双母线接线：两条母线之间用断路器连接，线路和变压器，可以连接在第一条母线上，也可以连接在第二条母线上，也就是线路或变压器的断路器经两个隔离开关分别连接在两条母线上，正常运行时，线路，变压器的断路器经某一隔离开关连接在某一母线上，当某一母线故障时，连接在该母线的线路和变压器将受到影响，但经一定的操作，可以将这些线路和变压器转接到另一母线上。

（4）双母线分段接线：具有单母线分段和双母线接线的特点，适用多线路多变压器的场合。

（5）双母线带旁路母线接线：双母线的基础上增加一条旁路母线。旁路母线经一个旁路断路器和两个隔离开关分别与双母线连接，各线路和变压器的断路器隔离开关外侧经一个隔离开关与旁路母线连接，当线路或变压器断路器需要维修时，经一定的操作可以用旁路断路器代替线路或变压器断路器，这样断路器检修时，不影响线路和变压器的正常工作。

（6）单母线或单母线分段带旁路母线接线：与双母线带旁路母线接线相似。

（7）内桥接线、外桥接线：这些接线只适用于两条线路，两台变压器的情况。一条线路经断路器连接一台变压器，如果两台断路器靠近变压器侧之间再连接一台断路器，即称为内桥接线；如果两台断路器靠近线路侧之间连接一台断路器，即称为外桥接线。若线路故障几率高于变压器的情况下，应采用内桥接线；若变压器故障几率高于线路的情况下，应采用外桥接线。将这种接线方式推广到三条线路和三台变压器的情况，称为扩大桥式接线。

（8）角型接线：有三角型、四角型、五角型、六角型接法。角型接线中，每一边为一台断路器，每一角连接一条线路或一台变压器。断路器检修不影响其他电气设备的正常运行。这种接线无发展余地。当开环运行时，任何一个元件故障影响面大。

后面这两种接线方式也称为非母线接线方式。选择何种母线接线方式取决于可靠性，经济性要求，线路条数，变压器台数等条件。

三、电气主接线

一个电厂或变电站将所有的一次电气设备按技术要求连接起来就构成该电厂或变电站的电气主接线。其高压部分称为高压主接线，低压部分称为低压主接线。一条线路一般经隔离开关，断路器，隔离开关连接到母线上，线路的电流互感器有装在断路器的套管内，也有单独串联在线路中；一台变压器的高压侧一般经断路器，隔离开关连接到高压母线上，低压侧经断路器，隔离开关连接到低压母线，高低压电流互感器可以装在高低压断路器的套管内，也可以串联在高低压电路中。每条母线一般接有一台或两台电压互感器，电压互感器经隔离开关或熔断器连接到母线上。一般母线经隔离开关连接一台避雷器。根据需要有的母线还经隔离开关，断路器接有无功补偿装置。对于中性点接地的变压器，其中性点要经隔离开关接地。对于中性点接消弧线圈接地的变压器，其中性点经隔离开关，消弧线圈接地。电气主接线按照规定的符号和规则表示在图纸上，就称为电气主接线图。电气设计的一个重要任务就是绘制电气主接线图，它是电气设备安装施工和运行的依据。

低压系统的特点是：用电设备多、容量小、分布广，不易采用由变电站低压母线辐射式的直接供电方式，一般采用多级辐射式的供电方式，即由变电站低压母线上的若干条线路各自辐射到下一级母线，再由下一级母线上的若干线路各自辐射到第三级母线，最后一级母线的出线才连接至用电设备。多数用二级辐射，最多不超三级，太多级会使各级保护装置配合造成困难或使保护动作时间太长。每一级母线构成一个配电间（箱），或称开闭间。这种供电方式有利于分级管理，当一个用电设备发生故障并其保护拒绝动作时，只影响局部供电，不会影响整个变电站的供电。对于大容量的用电设备和重要用电设备，可采用辐射式供电方式。对于同一车间或同一房间内小容量的多个同类型用电设备可采用树干式供电方式。各单相线路的负荷应尽量均匀，以满足三相功率平衡的要求。

第三节　一次电气设备的选择

供配电一次系统的电气设备有变压器、线路的导线、母线、断路器、隔离开关、电压互感器、电流互感器和避雷器等。选择电气设备的基本原则是保证安全可靠、优质经济、运行灵活、维护方便。电气设备选择的一般条件有：①额定电压：电气设备的额定电压必须高于电网的额定电压；②额定电流：电气设备的额定电流必须大于电气设备电路中长期工作电流；③按短路情况校验电气设备的热稳定和动稳定；④温度、湿度、海拔高度和环境污染情况。下面分析各种电气设备选择的具体原则。

一、变压器

变压器的容载比是变压器容量与变压器供给的负荷功率之比。根据第二章介绍的负荷计算方法就可以确定负荷功率（有功与无功），选择合理的容载比就可以计算出变压器的容量。容载比选得太大，变压器长期处于低载运行会造成浪费；选得太小，如果负荷发展较快会造成变压器过载运行。应根据负荷增长的情况和经验合理选择容载比。一般负荷可选用一台变压器，一、二级负荷或大容量负荷可选用 2 台或 3 台变压器。选用 2 台变压器，若一台变压器停运，另一台变压器的容量应满足重要负荷的需求。有三种电压等级的变压所，各侧容量超过总容量的 15% 以上时，可采用三绕组变压器。一侧中性点接地的变压器，若三相不平衡电流比较大或三次谐波电流比较大时，应采用 Dyn11 的接线方式，否则可采用 Yyn0 的接线方式。一般变压器可采用 Yd11 接线方式。根据调压要求，决定变压器是否采用有载调节分接头。

二、导线

选择导线首先是选择导线的截面积。选择导线的原则有：

1. 正常发热

导线有电阻，当电流通过后将把电能转换为热能，引起导线温度升高，温升一定程度导线将变形，绝缘将损坏，甚至发生火灾。因此，为了保证安全，对导线正常通过的电流有严格规定。导线截面积越大，电阻越小，允许通过的电流越大。选择导线截面积首先要满足正常运行发热的要求。前人已做过试验，得出各种导线正常运行允许通过的电流，这可以作为后人选择导线截面积的依据。当导线所处实际环境温度 θ_1 与计算环境温度 θ_2 不同时，正常允许电流 I_{P1} 应进行修正，修正公式为

$$I_{P1} = I_{P2} \sqrt{(\theta_P - \theta_1)/(\theta_P - \theta_2)} \qquad (3-1)$$

式中　I_{P2}——计算环境温度下的允许电流。

　　　θ_P——导线长期允许的最高温度。

2. 短路发热

导线发生短路，导线首端保护装置会动作将故障切除，但短路电流很大，是正常电流的几倍甚至几十倍，会造成严重后果，所以选择导线截面积时也要满足短路发热的要求。首先要进行导线末端的短路电流计算，确定最大的短路电流，并根据短路切除时间，计算导线发热的情况，如果不能满足要求，就应减少短路切除时间或增大导线截面积。

3. 机械强度

导线在安装运行中受到各种外力的作用，要求导线截面积足以抵抗这些外力的影响，高压架空线导线截面积不得低于 35mm^2，低压架空线导线截面积不得低于 16mm^2；低压绝缘铜芯导线截面积室内不得低于 1.5mm^2，室外不得低于 2.5mm^2。

4. 电晕

高压线路导线周围会产生高压电场，当电场强度达到一定程度，空气产生电离，出现电晕现象，从而增加电网损耗。高压线路导线截面积越小越容易发生电晕，因此为了避免电晕现象出现，对导线最小截面积有要求。例如，110kV 线路导线截面积不得小于 95mm^2。220kV 线路导线截面积不得小于 120mm^2。

5. 经济电流密度

当线路电流一定时，若线路导线截面积选得大，其电阻小，损耗少，运行费用省，但投资大；反之，导线截面积选得小，其电阻大，损耗大，运行费用多，但投资小，在投资和运行费用之间找到一个合理的平衡点所选择的导线截面积，称为经济截面积，相应的电流密度称为经济电流密度。当线路电流确定后，将通过导线的电流除了经济电流

密度就可以求得导线的截面积。

6. 电压损耗

为了保证电压质量，要求有些线路电压损耗不得大于某一数值，因此线路的导线截面积要根据电压损耗值进行选择。大致步骤如下：一般不计电压损耗的横分量，只计电压损耗的纵分量，设线路的电阻为 R，电抗为 X，线路末端的有功功率为 P_L，无功功率为 Q_L，U_0 为线路额定电压，要求线路电压损耗为 ΔU_0，根据式（2-17）可得

$$\Delta U_0 = (P_L R + Q_L X)/U_0 = \Delta U_p + \Delta U_q \tag{3-2}$$

式中：

$$\Delta U_p = P_L R / U_0 \tag{3-3}$$

$$\Delta U_q = Q_L X / U_0 \tag{3-4}$$

由于线路的导线截面积未选定，所以 R，X 值不能确定，但线路电抗与导线的截面积关系不大，单位长度的电抗值大约为 $0.4\Omega/\text{km}$，可以用这个数字求得线路电抗代入式（3-3）计算出 ΔU_q，再由式（3-2）求得 ΔU_p，再将 ΔU_p 代入式（3-3）计算出电阻 R，最后由电阻计算公式，求得导线的截面积。如果要求计算更加精确，将求得导线的半径代入式（2-4）计算单位长度的电抗，重复计算一遍。

一般先用经济电流密度方法选择导线截面积，然后才用其他方法进行校验。如果某一种方法不能满足，才按该方法选择导线截面积。

电力导线大致分为三类：裸线、电缆和绝缘线。

裸线一般用于架空线路。裸线用铜（T）、铝（L）、钢（G）、铝合金（HL）等材料制成。有单股导线，多股导线（绞线）之分。钢导线用于避雷线，钢与其他金属构成组合导线，钢的作用起增强机械强度，不作为导体，其截面积不作为导线载流截面积，但扩大导线的有效半径，有利于减少线路的电抗。输电线路一相可以用一根导线，也可以用多根导线，后者称为分裂导线，220kV 线路多数采用二分裂导线，500kV 线路多数采用四分裂导线，采用分裂导线的目的，一方面是便于线路的安装，另一方面是扩大导线的有效半径，有利于减少线路电抗，增大线路电容，减少线路电压损耗和无功损耗，提高系统运行的稳定性。

电缆由三相导线组合为一体，导线之间与外界有绝缘层，外壳有保护层，也有单芯电缆。电缆导线也是由铜、铝制成，也有单股和多股之分。电缆线路最主要缺点是造价高，检修费费时，但它占地面积少，供电安全可靠，随着国家经济实力的提高，越来越多地采用电缆线路。城市已尽量不采用架空线路，而采用电缆线路。

绝缘线一般用于低压线路。

三、断路器

正常运行时用来接通和切断电气设备的负荷电流，故障时用来切断故障电流，将故障设备隔离。它一般由动触头、静触头、灭弧装置、操动机构和绝缘支架等构成，为实现断路器自动控制，操动机构中还有与断路器的传动轴联动的辅助触头。

目前常见的断路器有：

（1）多油断路器，动静触头浸在装满绝缘油的钢桶内，绝缘油既作为灭弧介质又作为绝缘介质，其钢桶外壳涂成灰色，表示壳体不带电。由于体积大，用油多，笨重已逐步被淘汰。

（2）少油断路器，绝缘油作为灭弧介质和动静触头之间的绝缘介质，对地绝缘由瓷介质支柱来实现。其铁质油箱涂成红色，表示外壳可能带电。这是一种老式最普遍采用的断路器。

（3）空气断路器，高压空气作为灭弧和绝缘介质，高压空气还兼作操动机构的动力源。其特点是动作快，断流容量大，性能稳定，检修周期长，无火灾危险，结构复杂，需配用一套空气压缩装置，适用于 220kV 以上系统。

（4）真空断路器，真空作为灭弧和绝缘介质。其特点是体积小，质量小，性能稳定，几乎可免维护。在 10～35kV 系统普遍采用。

（5）六氟化硫（SF_6）断路器，六氟化硫气体作为灭弧和绝缘介质。其特点是：绝缘性能好，灭弧能力强，有良好的冷却性，检修周期长。35kV 以上系统普遍采用。

断路器的基本参数有：额定电压、额定电流、开断（短路）电流，额定断流容量、热稳定电流（标准时间为 4s）、额定动稳定电流（最大瞬时电流）、合闸时间、分闸时间等。这是选择断路器的依据。

四、母线

户内配电装置的母线用铜、铝、钢制成，有矩形、管形、槽形和菱形等形状。矩形用于工作电流不太大场合，当电流增大时，可采用双矩形或三矩形；菱形散热条件好，但结构复杂，采用较小；大电流的场合可采用槽形母线；管形虽然散热不太好，采用水冷却可大大提高散热条件，适用于特大电流的场合。户外配电装置的母线可采用钢芯铝（铜）绞线。母线截面积的选择的方法，一般先按经济电流密度选择母线截面积，再用长期工作电流，短路电流，机械强度，电晕等条件进行校验。

五、隔离开关

用来将检修设备与带电设备隔离，以保证检修人员的安全，也可以用来开闭电压互感器、避雷器、母线、励磁电流不超过 2A 的空载变压器和电容电流不超过 5A 的空载线路。基本参数有：额定电压、额定电流。

六、电流互感器、电压互感器

需满足额定电压和额定电流的要求，其他条件请参考第四章。

七、电抗器

有串联电抗器和并联电抗器。串联电抗器串接在出线上或母线分段间，用来限制短路电流。根据限制短路电流的大小，选择电抗器的电抗值。串联电抗器的主要参数有额定电压、额定电流和电抗值百分数。并联电抗器用来限制高压线路的潜供电流（参阅第四章单相自动重合闸）和吸收线路过剩的无功功率（作为调压用）。

八、绝缘子

用来支持带电体，并使其与接地体隔离和带电体之间隔离，保证正常工作电压和过电压情况下，带电体与接地体之间和带电体之间不会击穿，是电网安全运行的重要设备。分为支持式绝缘子、套管式绝缘子、柱式绝缘子、悬式绝缘子。前两种用于户内配电装置比较多，后两种用于户外配电装置比较多。

九、避雷器

是电网过电压保护的最重要设备，当电压短时间超过某一定值时，避雷器的电阻骤然下降，将电流泄入大地，使其他电气设备免受过电压影响。当电压恢复正常后，避雷器也恢复正常状态。避雷器有管型和阀型两大类。阀式避雷器有碳化硅避雷器和金属氧化锌避雷器。金属氧化锌避雷器的伏安特性比碳化硅避雷器好，被广泛采用。避雷器一般经隔离开关并联在母线或出线上。避雷器应根据额定电压和对过电压保护的要求进行选择。

十、高压熔断器

熔断器是一种最早采用的电路保护电器。当电路过负荷或短路时，利用熔体产生的热量引起自身熔断，从而切断电路。高压熔断器一般装在支接线路上。按额定电压、额定电流和断流容量选择熔断器。

十一、低压电器

电压为 1000V 以下的电气设备称为低压电器。包括断路器、熔断器、刀开关、转换开关、接触器、启动器、按钮等，还包括二次回路用的控制开关和继电器。种类繁多，有交直流之分。这里介绍一些主要设备。

1. 低压断路器

也称自动空气开关。具有接通和断开正常负荷电流能力，还具有短路保护、过负荷保护、欠压保护和漏电保护等功能，是低压配电装置最常用的设备。按额定电压、额定电流、遮断电流，极数等条件选择低压断路器。

2. 熔断器

作为线路和设备的短路，过载保护，能自动切断电路。选择条件同低压断路器。

3. 刀开关

用作隔离电路，能接通和分断额定电流。按额定电压和电流进行选择（下同）。

4. 转换开关

用来切换电路，用于小电流的电路中。

5. 接触器

用作远距离频繁启动电动机以及接通和分断电路。

6. 启动器

专门用作异步电动机启动和控制转向。分为直接启动和减压启动。减压启动器由交流接触器，热继电器，减压装置和控制按钮等组成，具有失压保护和过载保护功能。有的还具有断相保护功能。

第四节 配 电 装 置

变压所一次电气设备（有时也包括二次设备）的总称叫做配电装置。按电压等级可划分为超高压配电装置、高压配电装置、中压配电装置和低压配电装置。将供配电一次系统选定的电气主接线和电气设备，依照国标规定的文字，图形和技术，经济要求，按照实际位置的布置排列，绘制而成的图形称为配电装置图。根据配电装置图，按实际位置和尺寸，绘制的平面布置图，侧面布置图，断面图称为配电装置安装图。它们是电气安装施工和运行的依据。配电装置分为户（屋）内配电装置和户（屋）外配电装置两大类。在现场组装的配电装置称为装配式配电装置，在制造厂家预先制成的成套开关柜，再到现场组装而成的配电装置称为成套配电装置。户外配电装置都是装配式配电装置。户内配电装置大多数采用成套配电装置。户内配电装置的特点是：①布置紧凑、占地面积少；②安装、维护、操作、巡视都在室内进行，不受天气和环境的影响；③电气设备不受外界污染物影响，维护工作量少，使用寿命长；④建造房屋会增加一些投资。户外配电装置的特点是：①土建工程量和费用较少，建设周期短；②扩建方便；③相邻设备之间距离较大，便于带电作业，减少维修停电时间；④占地面积大；⑤受天气和环境影响大，缩短电气设备的使用寿命。早期35kV及其以下的电压等级的变电所都采用户内配电装置，其他电压等级的变电所都采用户外配电装置，现在不仅110kV，甚至220kV电压等级的变电所也采用户内配电装置。

配电装置设计应满足下列基本要求：

1）遵守国家政策法规。

2）保证施工运行安全可靠。电气设备之间要有足够的安全距离。

3）尽量少占土地。

4）布置紧凑，整齐美观，方便施工、维修、运行操作。

5）留有余地，便于扩建和发展。

配电装置布置最主要的要求是安全距离。我国安全距离分为 A、B、C、D、E 五类。A 类是表示不同带电体之间或带电体至接地部分之间的空间最小的安全净距，称为 A 值。在这一距离下，无论正常最高工作电压或内外过电压，都不致使空气间隙击穿。A_1 为带电部分至接地部分的最小电器距离。A_2 为不同相导体的最小电气距离。例如，对于 110kV 中性点直接接地的电网，$A_1=0.85$m，$A_2=0.90$m。B 类分三种。B_1 为带电部分至栅拦的距离。一般 $B_1=A_1+0.75$m（考虑人的手臂长度）。B_2 为带电部分至网状遮拦的距离。一般 $B_2=A_1+0.1$m（考虑人的手指长度及误差）。B_3 为屋内配电装置带电部分至无孔遮拦的距离。$B_3=A_1+0.03$m（施工误差）。C 值表示无遮拦裸导体至地面的距离。$C=A_1+2.5$m（考虑人的高度和手臂长）。D 值表示不同时停电检修的无遮拦裸导体之间的水平净距。$D=A_1+2.0$m（考虑检修人员活动范围）。E 值表示屋内配电装置出线套管中心线至屋外通道路面的距离。35kV 及其以下，$E=4$m。其

余 $E=A_1+3.5m$（考虑汽车和人的高度）。确定导线之间的距离时，还应考虑电动力，风摆，温度等因素的影响。实际采用的距离都大于上述理论距离。

配电装置布置有如下特点：①母线布置在上层，其他电气设备布置在下层；②分间隔布置，一个间隔布置一个单元的设备（包括断路器、隔离开关、电流互感器、电压互感器或电抗器），分为线路间隔、变压器间隔、母联间隔、母线电压互感器和避雷器间隔、无功补偿装置间隔、有的还有发电机间隔；③电源（进线或变压器）间隔一般布置在母线中间，使母线承载的电流分布均匀。

户内配电装置布置有如下特点：

（1）母线：采用硬母线。一般有水平、垂直、直角三角形（两相在上，一相在下）布置。水平布置不易观察，间隔深度大，但可降低建筑高度，安装容易，中、小型变电所广泛采用。垂直布置容易观察，间隔深度较小，但增加建筑高度，结构较复杂，一般用于 10kV 以下，短路电流大的配电装置中。直角三角形布置结构紧凑，但短路时三相受力不均匀，一般用于 35kV 以下中容量的配电装置中。考虑短路时母线所受电动力，对于水平布置，母线相间距离 10kV 为 0.25～0.35m，35kV 为 0.5m。母线与接地体用支持绝缘子隔离，也就是母线架设在支持绝缘子上。支持绝缘子之间的距离为间隔的宽度，支持绝缘子可架设在间隔的隔墙上，也可架设在墙上的铁架上。对于单母线分段和双母线，母线之间应用隔板隔离，便于检修。

（2）变压器：一般设有变压器室，通过电缆与母线相连。变压器基础应突出地面，建成双梁形并铺以铁轨，轨距等于变压器的滚轮间距。油箱油量超过 1000kg 的变压器应设贮油池，贮油池铺有 0.25m 以上的卵石层。

（3）断路器：它是间隔内的主要设备，一般建成小室。按照油量多少和防爆要求，小室可分为敞开式、封闭式和防爆式。油量超过 60kg 应设贮油设施。断路器的手动操动机构应设在操作通道侧。

（4）电流互感器、电压互感器和避雷器：电流互感器一般与断路器放在同一小室内。电压互感器都经隔离开关或熔断器接到母线上，需专用间隔，小型的几个电压互感器和避雷器可装在同一间隔。

（5）电缆：电缆通道是电缆构筑物，有电缆隧道和电缆沟，个别吊装在天花板上。电缆隧道可容纳较多电缆，检修方便，造价高，适合大型电厂和变压站。一般变电所都采用电缆沟。电力电缆与控制电缆布置在同一电缆沟，应分开两侧布置，如果布置在同一侧，控制电缆应布置在下面，并用耐火隔板隔开。

配电装置室可以开窗采光和通风，一般采用自然通风，如果散热不能满足要求，应增加机械通风，还应防止小动物窜入。

户内配电装置，多数采用成套配电装置。成套配电装置有低压成套配电装置，高压成套配电装置和六氟化硫全封闭组合电器。

低压成套配电装置有固定式低压配电屏，抽屉式开关柜和低压配电箱。双面维护BSL 系列低压配电屏是一种较简单的配电装置。它将一次设备和二次设备布置在一个柜中，屏顶有母线，屏中有闸刀开关、熔断器、自动空气开关、电流互感器、电压互感器，屏面装有测量仪表、按钮、光字牌等，屏后装有继电器、二次小刀闸、熔断器、端子牌等。BFC 系列的抽屉式开关柜主要设备装在抽屉或手车上，更换设备容易，布置紧凑，占地面积少，但结构复杂，造价高。低压配电箱是一种最简易的配电装置，它是按电气接线要求，将开关、仪表、保护及辅助设备装在金属箱内，可分为照明配电箱、动力配电箱、电表箱和控制箱。

高压成套配电装置有手车式和固定式开关柜。手车式最常用的有 GFC 系列封闭式高压开关柜，该系列开关柜为单母线结构，由手车室、仪表继电器室、母线室、电流互感器室等组成，具有安装检修方便，不受外界影响，不容易发生短路，可靠性高等优点但造价高。固定式开关柜有 GG 系列，封闭性差，现场安装工作量大，检修不方便，但价格便宜。

六氟化硫全封闭式组合电器是一种先进的开关柜，封闭性好，安装检修方便，运行可靠性高但造价高。

户外配电装置的特点：母线多数采用软母线，即钢芯铝（铜）绞线或软管导体。三相呈水平布置，用悬式绝缘子悬挂在钢筋水泥构架上。也有采用硬母线，用铜或铝制成矩形或管形，采用柱式绝缘子安装在钢筋水泥支柱上。变压器应安装在钢筋水泥基础上，建成双梁形并铺以铁轨，轨距等于变压器的滚轮间距。两台变压器之间的距离不得低于 10m，还应用防火墙隔开。按照断路器在配电装置中所占据的位置，可分为单列和双列布置，断路器布置在主母线一侧，称为单列布置，断路器布置在主母线两侧，称为双列布置。应根据主接线，场地地形条件，进出线方向和数量等决定其布置方式。断路器、隔离开关、电流互感器、电压互感器、避雷器等都应安装在钢筋水泥基础上。

第五节　无功补偿装置

我国电网电能都是交流正弦波形态。每秒变换 50 周期，也就是频率为 50Hz。交流电压加在电阻负荷上产生的电流与电压的相位是一致的，消耗的功率是有功功率。交流电压加在电感负荷上产生的电流的相位落后电压 $90°$，在一个周期中有半个周期是将电能转换为磁场能量，另半个周期是将磁场能量转换为电能。电感负荷是有能量交换，但没有有功功率消耗，单位时间交换的能量称为无功功率。电力负荷中有许多元件是电感元件，例如电动机、镇流器等都要消耗无功功率。发电厂的同步发电机除了发出有功功率外，还会发出无功功率，改变发电机的励磁电流的大小就能改变发出无功功率的多少，以满足电力负荷对无功功率的需求。从发电机发送无功功率给负荷，需要经过线路和变压器，这传送过程，一方面要产生电压损耗，另一方面要产生有功和无功损耗。为了减少电压损耗和功率损耗，尽量要求无功功率就地平衡，也就是要求就地安装无功功率发生器，也称无功补偿装置。无功补偿装置有同步补偿机、电容器、电子式无功补偿器。同步补偿机又称同步调相机，工作原理与同步发电机相似，可以利用调节励磁电流来改变发出的无功功率，但不能发有功，还要从电网吸收一定的有功以维持机械部分的转动。同步调相机与发电机一样有较好的电压特性，当系统电压下降时，能发出更多的无功，以提高系统电压；当系统电压太高时，能吸收无功（也称进相运行），以降低系统电压。由于同步补偿机造价高，占地面积大，维护复杂，因此使用场合很有限。电容器补偿装置工作原理与电感元件相似，但特性相反，交流电压加在电容器上产生的电流的相位超前电压 $90°$，在一个周期中有半个周期是将电能转换为电场能量，另半个周期是将电场能量转换为电能。电容器与电网之间有能量交换，但不消耗有功功率。在同一电压作用下，电感元件的电流与电容元件的电流方向相反，这相当于电感元件消耗无功功率，电容元件发出无功功率。由于电容器造价低，占地少，维护简单，因此得到广泛的应用。电容器无功补偿装置的缺点是电压特性差，电容器发出的无功功率与电压的平方成正比，当电压升高时，发出的无功增多，当电压降低时，发出的无功减少，这不利于电网电压的调整。电子式无功补偿费装置是由电容器，电抗器，可关断晶闸管，控制装置等元件组成，利用控制装置调控可关断晶闸管来改变无功电流的方向和大小，既可以发出无功，也可以吸收无功，是一种理想的无功补偿装置。现有静止无功补偿器（SVC），静止调相机（Statcom），静止无功发生器（SVG）等形式，并已逐步推广。目前工厂企业，商民用建筑所采用的无功补偿装置都是采用电容器无功补偿装置。下面就电容器无功补偿装置容量的选择原则介绍如下。

无功补偿的目的有三个，一是提高功率因数，二是改善电网电压，三是减少电网功率损耗。因此无功补偿容量也就是按照这三种情况进行选择。

(一) 提高功率因数

电网管理部门对电力用户的功率因数有严格要求，如果未能达到规定的要求就要按照不同的功率因数收受电费。因此电力用户在设计阶段就要预测负荷的功率因数，未能达到规定要求时，就要装设无功补偿装置。无功补偿容量按照功率因数公式进行计算。设负荷的有功功率为 P_L，无功功率为 Q_L，要求达到的功率因数为 $\cos\varphi$，要求的无功补偿容量为 Q_C，由功率因数公式可得要求的无功补偿容量为

$$Q_C = Q_L - [(P_L/\cos\varphi)^2 - P_L^2]^{1/2} \tag{3-5}$$

然后从无功补偿装置中选择额定容量接近 Q_C 的无功补偿装置。

功率因数有最大负荷功率因数和平均负荷功率因数，一般选用最大负荷功率因数作为确定补偿容量的依据。

(二) 改善电力用户端的电压

由于输送给电力用户的无功功率在线路上要产生电压损耗，使得电力用户端的电压不能满足要求，为了使电力用户端的电压达到规定值，其中一个办法就是在电力用户端安装无功补偿装置。设线路的电阻为 R，电抗为 X，负荷的有功功率为 P_L，无功功率为 Q_L，要求达到的线路电压损耗为 ΔU_0，要求的无功补偿容量为 Q_C，不计线路电压损耗的横分量，只计电压损耗的纵分量，根据式（2-17）可得在用户端加装无功补偿装置后，线路电压损耗的纵分量为

$$\Delta U_0 = [P_L R + (Q_L - Q_C)X]/U_0 \qquad (3\text{-}6)$$

其中 U_0 用额定电压代入，由式（3-6）可求得无功补偿容量为

$$Q_C = Q_L - (U_0 \Delta U_0 - P_L R)/X \qquad (3\text{-}7)$$

然后从无功补偿装置中选择额定容量接近 Q_C 的无功补偿装置。

（三）减少电网有功损耗

安装无功补偿装置减少电网有功损耗一般不是只考虑一条线路的有功损耗，而是要考虑全网的有功损耗，也就是安装一定数量的无功补偿容量，应安装在哪些变电站上会使全网的有功损耗最少。这是无功优化问题，要应用数学上的优化理论求解。

无功功率补偿装置可以安装在 10kV 高压母线上，也可以安装在 380V 低压母线上，也可以安装在功率因数低的用电设备处。无功补偿装置分散安装效果最好，可减少线路和变压器的损耗和电压降，但投资大，管理维护难；集中安装效果差一些但投资省且管理维护方便。无功补偿装置一般要配置自动切除投入装置，因为要根据电网运行要求投入或退出运行。电网轻负荷时电压很高，要求部分无功补偿装置退出运行。

第六节 消 弧 线 圈

第一章已讲到中性点接地问题，其中 10kV 和 35kV 电压等级的电网是属于小电流接地方式。中性点采用小电流接地方式的电网，当电网发生单相接地时，电网的继电保护装置不会动作切除故障，电网还可以继续运行，由于一相接地后，另一相也可能发生接地，从而发展为两相短路故障，造成用户停电，因此规程规定发生单相接地后只能运行 2h，在这 2h 内，运行维修人员要及时查找接地点并给予排除。小电流接地系统发生单相接地故障时，接地点并不是没有电流，而是这个电流比较小，它是电网对地的电容电流，与电网电压和对地电容成正比，对地电容越大，接地点的电流越大，当接地短路电流大到一定程度时，接地点的电弧就不能自行熄灭，还会引起弧光过电压，甚至会发展成多相故障，影响电网正常运行，因此发生单相接地的接地电流应加以限制，对于 10kV 电网不得超过 20A；35kV 电网不得超过 10A。当超过规定值时，中性点应加装消弧线圈。消弧线圈是一个大电抗，不改变小电流接地方式的特性，也就是单相接地时接地点的电流乃是小电流，而且比未加消弧线圈时更小，因为接地时消弧线圈产生的电流与原接地的电容电流方向相反。如果不计线路对地电导，只计电纳，理论上消弧线圈产生的电流可等于线路对地的电容电流，即单相接地短路的电流等于零，这种情况称为全补偿，当消弧线圈产生的电流小于线路的电容电流，称为欠补偿，当消弧线圈产生的电流大于线路的电容电流，称为过补偿。初始设计时，一般应采用过补偿，因为要考虑电网的发展，一旦增加线路，线路的电容就增加，不必立即更换消弧线圈设备。消弧线圈的电感与线路的对地电容可能构成一个谐振回路，从而产生大电流过电压，为了消除这种风险，消弧线圈要串接一个电阻或并联一个大电阻，并不采用全补偿。

由于 10kV 和 35kV 的线路更多的采用电缆线路，电缆线路的电容电流比架空线路

的电容电流大得很多，因此单相接地电容电流问题越突出，需要装消弧线圈的问题也更突出。也是供配电网设计时需要认真考虑的一个问题，首先要计算线路的电容，然后计算对地电容电流，再检查电容电流是否超过规定植，如果超过规定植，就应与电力管理部门联系考虑安装消弧线圈事宜。

第七节　抑制谐波的措施

我国采用的交流电的频率为50Hz，其波形为正弦波。这50Hz的正弦波称为基波。如果将正弦波的交流电压加在一个线性阻抗的元件上，在该元件产生的电流也是交流正弦波，如果加在一个非线性阻抗的元件上，在该元件产生的电流不会是正弦波，其波形将发生畸变，这种非正弦波可以分解为直流分量和幅值不等的50、100、150、200Hz等正弦波分量。一般上半周和下半周是对称的，所以没有直流分量。我们将这些非50Hz的正弦波称为高次谐波，100Hz的称为二次谐波，150Hz的称为三次谐波，200Hz的称为四次谐波，依此类推，将频率为50Hz奇数倍的波形称为奇次谐波，将频率为50Hz偶数倍的波形称为偶次谐波。也就是说非正弦波是由基波和许多高次谐波组成。由于谐波电流在电网流通，并产生电压降，也使电压波形发生畸变，变成非正弦波。电网中没有谐波的有功功率电源，谐波电流和电压表现出来的功率特性是无功功率特性，即电网与非线性元件之间有能量交换，但没有能量消耗。也就是这里的谐波电流要流到电网其他元件，实现能量交换。

尽管发电厂发出的交流电压是基波，但由于电网许多负荷是非线性的，所以电网会出现许多谐波。常见的非线性负荷有：交直流变换器、变频器、电弧炉、电焊机、轧钢机、变压器以及铁磁电抗器。除了非线性负荷会产生谐波外，电网三相不平衡也会产生谐波，因为三相不对称时，会出现负序电流分量，发电机定子绕组的基波负序电流产生的旋转磁场与转子的旋转方向相反，从而在转子绕组上感应出二倍频率的电压和电流，由于转子绕组是单相的，二倍频率电流产生的磁场是脉动的，脉动磁场可以分解为与转子旋转方向相同和相反的两个磁场，其中与转子旋转方向一致的磁场将在定子绕组上感应出三倍频率的电压和电流，由于三相不对称，会出现三倍频率的负序电流分量，依此类推，将在定子绕组上产生一系列的奇次谐波。

谐波对电网会造成危害，首先会增加发电机转子绕组和铁芯的损耗和发热，增加发电机震动和噪声，限制发电机出力，严重时会损坏发电机；其次谐波电流在电网中的线路和变压器流通，会增加网络的有功损耗，有时会使电感和电容回路产生谐振，出现大电流，过电压，造成电力元件损坏；同时对电网的继电保护装置和自动化装置产生干扰，造成误动作。由于负序电流和谐波电流过大造成发电机损坏的事故在我国已发生十多起，限制谐波电压电流不仅是电力运行部门的一个重要的任务，也是电气设计部门应关注的问题。

谐波电压电流的大小常用两个指标来表达。

（1）谐波含有率（HR）：h 次谐波分量的有效值与基波分量的有效值之比，用百分数表示，即

第 h 次谐波电压含有率为

$$HRU_h = (U_h / U_1) \times 100\%$$

第 h 次谐波电流含有率为

$$HRI_h = (I_h / I_1) \times 100\%$$

（2）总谐波畸变率（THR）：谐波总量的有效值与基波分量的有效值之比，用百分数表示。

谐波电压总量为各次谐波电压有效值的方均值，即

$$U_H = (U_2^2 + U_3^2 + U_3^2 + U_4^2 + \cdots)^{1/2}$$

谐波电流总量为各次谐波电流有效值的方均值，即

$$I_H = (I_2^2 + I_3^2 + I_3^2 + I_4^2 + \cdots)^{1/2}$$

电压总谐波畸变率为谐波电压总量与基波电压有效值之比，即

$$THR_u = (U_H / U_1) \times 100\%$$

电流总谐波畸变率为谐波电流总量与基波电流有效值之比，即

$$THR_i = (I_H / I_1) \times 100\%$$

谐波指标是电能质量的重要指标，我国对各级电网的谐波指标有规定。

减少和抑制谐波的方法有：

1）有整流设备的用户应增加换相器的相数，因为谐波次数为 h＝pk＋1（p 为整流器相数，k 为正整数），整流器相数越多，谐波的次数越大，而谐波电流的有效值与谐波次数成反比，这种方法有效地抑制低次谐波。

2）加装交流滤波装置。最简单的滤波器是由电感，电容和低电阻元件组成，合理选择电感和电容，使它们对某次谐波表现的电抗值接近于零，对其他谐波表现的阻抗为大阻抗，这样就构成该次谐波的电流通道，也就是吸收该次谐波电流，该次谐波电流就不会流入系统。这种滤波器只能吸收某一次谐波电流，要吸收多次谐波电流就要安装多个滤波器，这种滤波器需要专门设计和制造。

3）加装有源滤波器，它是一个可控的换流器，直流侧接电容或电感，交流侧经换流变压器与谐波源并联，检测系统侧的无功电流，经调节器电路控制换流器的触发电路，使换流器的谐波电流等于谐波源的电流，从而系统侧的无功电流的谐波分量为零，只有基波分量。有源滤波器与静止无功补偿装置的原理十分相似，只是它们的侧重点不一样，静止无功补偿器侧重发无功，它会产生一些谐波，如果没有滤波，就成为一个谐波源，所以在有谐波源的地方加装静止无功补偿装置也是抑制谐波的一种方法；有源滤波器侧重产生谐波电流，它也会发出一定数量的无功。

4）设计阶段应尽量地将有互补的谐波源负荷安装在一起，并将较大谐波源的负荷接在较高等级的电网上，以减少谐波电流的影响。

5）三相负荷应尽量平衡，以减少产生谐波。

第八节 备 用 电 源

停电有两种情况，一种是计划停电，因检修或更换设备而停电，属于较长时间停电；一种是突然停电，因故障或误操作而停电，属于短时停电。为了对付可能出现的停电，可以采用双回路供电，但是主电网故障时，停电不可避免，对于重要用户，可设置备用电源。备用电源多数采用成套柴油发电机组，适合较长时间停电，也有采用不间断电源（UPS），应急电源 EPS 和蓄电池，适合短时停电。

柴油发电机组是由内燃柴油机作为动力，驱动同步发电机的一种发电设备。成套柴油发电机组由柴油机、同步发电机、控制屏、散热水箱、联轴器、燃油箱、消声器、防震装置等组成。控制屏有一次设备：断路器、隔离开关、电压互感器、电流互感器；二次设备：测量仪表、控制设备、保护设备、信号设备、自动控制设备。自动控制设备有自动调速装置和自动调节励磁装置。自动调速装置用来调节频率和有功功率。自动调节励磁装置用来调节电压和无功功率。发电机出线连至配电室的低压母线。发电机投入运行方式可以采用自动或手动方式，例如，可以采用检查母线无电压自动投入。因备用电源只能供给重要负荷，所以发电机投入运行前，应将次要负荷从母线上断开或设置重要负荷专用母线。如果有两台备用机组，还应装设同期装置。一般情况，只当母线无电压下，才允许发电机投入运行，不允许发电机与电网并列运行。

发电机的额定电压为 400V，其容量不可能等于供电负荷的功率，只能满足重要设备用电需要。所谓重要负荷就是第一类负荷，系指因停电可能造成人身不安全和设备重大损失的用电设备。一般占总负荷功率的 10%～20%。也可按实际情况进行计算，请参考第二章负荷计算。

设置备用机组后，需要建设发电机房。发电机房应靠近配电室。设计阶段，要选好成套柴油发电机组的型号，并绘制发电机房的布置图。

不间断电源（UPS）是一种由蓄电池、变换器、控制装置组成的储能设备。在正常运行时，将电网的交流电能经整流器变换为直流电，储存在蓄电池内，当电网停电时，将蓄电池的电能经逆变器反馈给用电设备。它需要一套交直流变换装置，其价格较贵，维护量大，但能在线运行，可以实现完全不停电，适合特别重要的用电设备，一般供电时间只有 15～30min。

应急电源 EPS 的工作原理与不间断电源 UPS 一样，由整流器、蓄电池、逆变器、隔离变压器、可控切换开关、监控保护装置等组成。其中变换器是由大功率可控晶闸管构成，最大功率可达几百千瓦。正常运行时，负荷由市电供电，当停电时才切换至应急电源 EPS，切换时间为 0.1～0.25s。EPS 供电时间可分为 30min、60min、120min 三种规格。根据负荷的重要性，选择不同规格。

第四章

供配电二次系统

第一节 二次系统概述

一次系统是电能的载体，二次系统是保证一次系统安全可靠、优质、经济运行所需设备装置及其连接的总称，包括测量、一次设备工作状态的监视、一次系统异常情况的预告和警报、断路器隔离开关的操作控制、一次设备的调节装置、继电保护装置、自动化装置、调度装置、操作电源等。一次系统犹如人的身躯，二次系统犹如人的神经系统，两者不可分离。

一次系统用主接线图和配电装置布置图表示，二次系统用二次接线图表示。二次接线图是按照国家规定的通用图形符号和文字符号表示二次设备的相互连接关系。我国常用的二次接线图有三种：原理接线图、展开接线图和施工安装接线图。设计二次接线图应满足一次设备运行要求，符合国家规定，接线简洁明了，便于施工和调式，便于运行操作以及将来的扩展。

二次接线原理图是表示二次设备电气连接及其工作原理的电气回路图。它的特点是将相关的一次设备画在二次接线图中，将二次设备以整体的形式表示在图中，包括线圈和触点，将交直流电路混合在一起，依照接线图可以分析二次回路的工作原理。它是绘制展开接线图和安装图的依据，但不适宜用于施工安装。

二次展开接线图是根据原理图绘制的。它的特点是将二次设备的线圈和触点画在各自的回路上，将交直流回路分开，交流电路分为电压回路和电流回路，直流回路分为断路器的合闸和分闸控制回路，保护回路和信号回路等，各元件按动作顺序从上到下，从左到右排列，图上标有线段的编号，每个回路都有简要文字说明该回路的作用，便于绘制安装图。我国对于回路线段编号有规定，例如，01～099 为保护回路，101～599 为控制回路。根据展开图也可以分析二次回路的工作原理，还可以作为绘制二次安装图的依据。

二次施工安装接线图是根据二次展开接线图绘制的，是生产厂家制作控制屏、保护屏、信号屏等的依据；是现场施工安装的依据；是试验、运行、维修的依据，它包括屏面布置图、屏背后接线图、端子排图、二次电缆走向布置图、电缆沟及其电缆安装图等。

屏面布置图系指二次设备按实际位置和尺寸在屏面布置的正视图。安装在屏面上的设备一般有测量仪表、信号指示灯、控制开关、按钮等。屏背后接线图系指屏面布置的二次设备和安装在屏背后的二次设备按实际位置和尺寸布置及其连接线的后视图。屏背后安装的二次设备一般有继电器、熔断器、小母线、小刀闸、端子排等。端子排图是端子排及其连接线的正视图。端子是屏内设备之间连接的节点，更是屏内设备与屏外设备之间的连接的节点。屏内设备之间连接不一定要经过端子排的端子，可以用绝缘导线直接连接，只有少数设备需经过端子连接。屏内与屏外设备之间的连接一定要经过端子排连接，一般采用多芯电缆连接，电缆芯数要多于实际连接数，电缆要编号和标上去向。端子排要标上安装单位名称和编号，各端子左（右）边要标上屏内连接的设备编号和回路编号，右（左）边要标上屏外设备的编号，中间标上端子排的顺次号和端子的类型。同一去处的导线用同一根电缆。

第二节 测 量 回 路

电气测量仪表是人们了解一次系统运行状态的窗口，测量回路犹如是一次系统的视觉神经。电气测量仪表有电流表、电压表、有功功率表、无功功率表、功率因数表、有功电量（度）表、无功电量（度）表、频率表、同期表等。一次系统除了380V电压等级外都是高电压，大电流设备，无法直接测量。现代高电压大电流设备都是经过电压互感器、电流互感器变换为低电压、小电流进行测量的，一般电压互感器低压侧的额定电压为100V（线电压），电流互感器的额定电流为5A、1A和0.5A。这样测量仪表可以规范化、小型化。电压互感器和电流互感器是测量回路的源发地。户外变电站电压互感器和电流互感器的连接线要先连接到现场的端子箱（屏），再由端子箱通过电缆线连接到测量屏、保护屏、自动化装置屏、调度屏等。户内变电站电压互感器一般装在专用屏（柜）里，电流互感器装在断路器屏（柜）里，它们都要先连接到屏（柜）的端子排上，再由端子排连接到测量仪器、继电保护装置等。

电压互感器和电流互感器是测量回路的重要组成部分。它们的精度、接线方式直接影响测量仪表的精度和接线。选好互感器是测量回路设计的第一步。

电压互感器按精度划分为0.5、1.0和3.0级三种。0.5级表示额定电压下的误差为0.5%，其他依次类推。用于收费的有功电度表和无功电度表应采用0.5级。其他测量和保护应采用1.0级。

电压互感器有两种类型：一种是小型变压器，其一次侧接在一次系统母线上，二次侧并接着测量仪表，保护继电器等的电压线圈；另一种是采用有电容器串联组成的电容分压式电压互感器，电容器串接于高压母线与地之间，而在临近接地的电容器两端并接一只通用小型电压互感器。电压互感器接线方式有：

（1）1只单相电压互感器，高压侧接在两相母线上，低压侧并接电压表、频率表、同期表，只能测得线电压；低压侧两端有一端要接地。

（2）2只单相 Vv 接法的电压互感器，高压侧分别接于 AB 和 CB 相，低压侧 B 相接地，可以测得三相线电压，但不能测得相电压。

（3）3只单相星形接法的电压互感器，其中有 Yyn 接法的电压互感器，用于中性点不接地或经消弧线圈接地的小电流接地系统，另一种 YNyn 接法的电压互感器，用于中性点直接接地或经小阻抗接地的大电流接地系统，三相电压互感器也可以做成一只三相三柱电压互感器。

（4）三相五柱式电压互感器，其特点是有三组绕组，一次绕组为星形接法，二次侧有两组绕组：基本绕组和辅助绕组，基本绕组为星形接法，用于测量和保护，辅助绕组为开口三角形接法，开口处接零序过电压继电器，专用于小电流接地系统绝缘监察装置。三相五柱式电压互感器也可以用 3 只单相电压互感器代替。

（5）电容式电压互感器，由 3 个单相电压互感器组成，接成 YNyn，用于大电流接地系统。要求电压互感器铁芯和二次侧有一点接地，以防一、二次绕组绝缘被击穿危及人身和设备安全。为了减少高低压侧发生短路造成的危害，一、二次侧应装设熔断器。

电流互感器按精度划分有 0.1、0.2、0.5、1.0、2.5 和 5 级六种。0.1 级表示二次侧为额定负载时的误差为 0.1%，其他依次类推。用于测量仪表的电流互感器的精度要高一些，用于收费的有功电度表和无功电度表精度要高于等于 0.2 级。用于保护的精度可以低一些。用于保护装置的电流互感器还要进行 10% 误差校验，也就是一次侧最大短路电流下，二次侧的电流误差不能超过 10%。这误差与二次侧负荷有关，负荷越大误差越大。如果不能满足 10% 误差的要求，可减少二次侧负荷，例如增加连接导线的截面积，也可选择变比大的电流互感器，也可将电流互感器两个二次绕组串联起来。

最常见的电流互感器接法有：

（1）两相不完全星形接法，A、C 两相装设互感器，各自连接至测量仪表和继电器，然后回合后，再连接至中性线的仪表和继电器，最后连接至互感器的中性点。这种接法常用于小电流接地系统。

（2）三相星形接法，三相电流互感器二次侧接成星形，中性点接地，各相接至测量仪表和继电器，然后回合接至中性点。这种接法适用于大电流接地系统。

（3）零序电流互感器，一种是三个单相电流互感器二次侧绕组并联，再与零序电流继电器并联，其中一端要接地；另一种是一次三相导线穿过一个圆形铁芯，二次绕组绕在铁芯上，二次绕组接至零序电流继电器。零序电流互感器用于大电流接地系统，当系统发生接地故障时，零序电流互感器二次侧将出现零序电流，使零序电流继电器动作，发出接地故障信号和切除故障元件。一般要求测量和保护不公用一个电流互感器，不允许二次侧开路，也就是不能有断点，如果开路将会产生危险的过电压，所以要求电流互感器二次侧不能装设熔断器或小刀闸。

测量仪表有电磁式、电子式的仪表。电磁式仪表是将电信号转换为机械信号，用指针在刻度盘上显示出电量的大小，所以也称针式仪表。电子式仪表由芯片组成，将电信号转换为数字信号，所以也称数字仪表。现在更多的采用数字仪表。大电流接地系统中的线路和变压器一般装设三只电流表，有功功率表和无功功率表，三相四线的有功电度表和无功电度表，母线装设三只电压表和频率表。小电流系统中的线路和变压器一般装设两只电流表，有功功率表、无功功率表或功率因数表，三相三线的有功电度表和无功电度表，母线装设两只电压表或一只可切换的电压表，还应装设用于绝缘监视的电压表，并根据需要装设频率表。需要进行并列操作的断路器应装设同期表。双向电流的线路应采用双向刻度的电流表和功率表。仪表准确等级有 0.5、1.0、1.5 和 2.5 等级。用于计费的仪表要求采用较高精度的仪表。其他的应根据测量点的重要性选择不同精度的仪表，按不同时段计费的计量点应装设复费电度表。

第三节 控 制 回 路

发电机、变压器、线路等的投入和切除，都要用断路器进行操作。除了少数断路器采用手动操作外，大多数断路器都是要通过控制回路进行操作的。

对断路器控制回路的一般要求为：

（1）断路器合闸和分闸回路是按短时通电设计的，操作完成后，应迅速自动断开合闸或分闸回路，以免烧坏合闸和分闸线圈（允许小电流通过）。

（2）断路器既能由控制开关进行合闸和分闸，也能由自动装置和继电保护装置进行合闸和分闸。

（3）控制回路应有反映断路器位置状态的信号。一般合闸后红灯亮，分闸后绿灯亮。

（4）具有防止断路器多次合，跳闸的防跳装置。因断路器合闸时，如遇到永久性故障，继电保护装置将其跳闸，此时如果控制开关未复归或自动合闸装置触点被卡住，将引起断路器再次合闸，其后又跳闸，出现跳跃现象。容易损坏断路器，所以应装设电气防跳或机械防跳装置。

（5）对控制回路及其电源是否完好应进行监视。

断路器的控制回路与断路器的操动机构有关。现有操动机构有：手动操动机构，电磁操动机构，弹簧操动机构，液压操动机构，气动操动机构和永磁操动机构，但控制回路的基本原理是一样的。下面介绍两种常用电磁操动机构的控制回路。

（一）灯光监视的控制回路和位置信号回路

控制开关常见的有开启式 LW1 系列和封闭式 LW2 系列。下面以 LW2 开关为例。LW2 开关由操作手柄，信号灯和触点盒组成。触点盒有 1a、4、6a、20、40 五种类型。每一个触点盒都有两个固定位置和两个复归位置。所谓固定位置就是当手柄转到该位置后，手柄能保持在该位置，触点盒内的触点也就相应停留在该位置。而复归位置则不同，当运行人员把手柄放开后，在弹簧的作用下，手柄和触点都将复归到原来位置。有关手柄位置和触点接通，断开情况参见图 4-1 中 LW2-1a、4、6a、40、20、20/F8 触点图表。

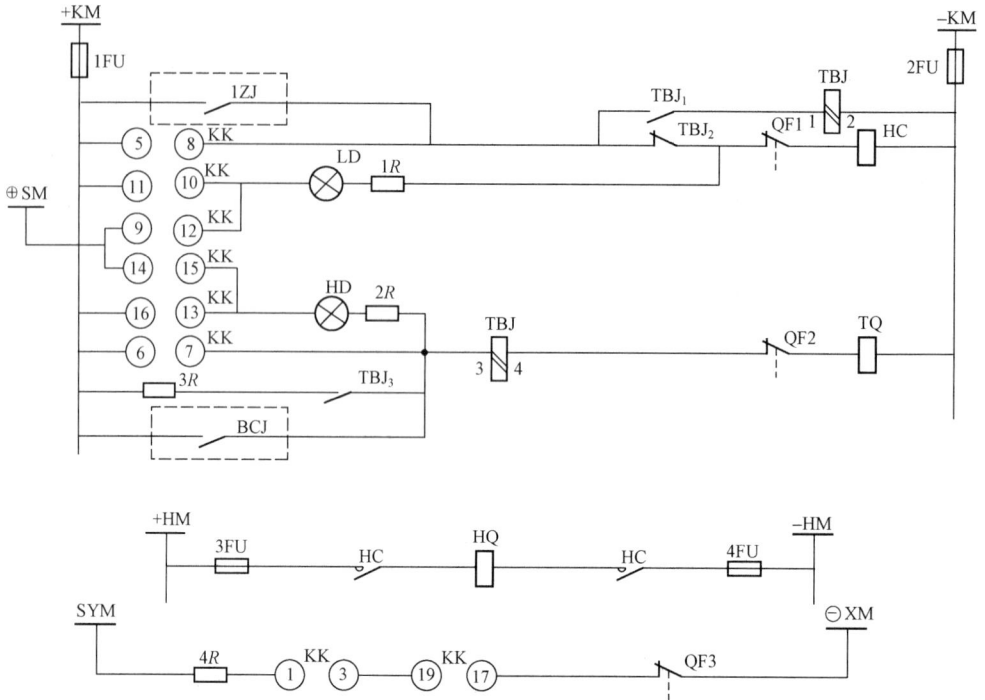

图 4-1　灯光监视控制回路

LW2-1a、4、6a、40、20/F8触点图表

在"跳闸"后位置的手把（正面）的样式和触点盒（背面）接线图	合 跳	○1　　2○　　4○　　3○	○5　　6○　　8○　　7○	○9　　10○　　12○　　11○	13○　　14○　　16○　　15○	17○ 18○　　20○ 19○	21○　　22○　　24○　　23○
手柄和触点盒的型式	F8	1a	4	6a	40	20	20
位置　　　触点号	—	1-3	2-4	5-8	6-7	9-10	9-12	10-11	13-14	14-15	15-16	17-19	18-20	21-23	21-22	22-24
跳闸后		−	×	−	−	−	−	×	−	×	−	−	×	−	−	×
预备合闸		×	−	−	−	×	−	−	×	−	×	−	−	×	−	−
合闸		−	−	×	−	−	×	−	−	×	−	×	−	−	×	−
合闸后		×	−	−	−	−	×	−	−	×	−	×	−	−	−	−
预备跳闸		−	−	−	−	−	−	×	×	−	×	−	−	−	−	−
跳闸		−	−	−	×	−	−	×	×	−	×	−	−	×	−	×

触点图表中，×表示触点接通，一表示触点断开。

控制回路如图 4-1 所示。KK 表示控制开关，圆圈及其数字表示 KK 的触点及其编号。KM 表示控制回路小母线，HM 表示合闸母线，XM 表示信号小母线。SM 表示闪光小母线。HC 为合闸接触器。HQ 为合闸线圈。TQ 为跳闸线圈。TBJ 为防跳继电器，有两个线圈，一个电压线圈，一个电流线圈。HD 表示红灯，LD 表示绿灯。FU 表示熔断器。R 表示电阻。BCJ 表示继电保护装置的出口继电器。1ZJ 表示自动重合闸或自动同期装置的出口继电器。QF 表示断路器的辅助接点，下面用 QF1、QF3 表示常闭接点，QF2 表示常开节点。控制回路动作过程如下：

1. 合闸过程

分手动合闸和自动合闸两种情况。

（1）手动合闸。

合闸之前，断路器处于分闸状态，其常闭接点接通，控制开关处于"跳闸后"位置，其触点 KK2-4、KK10-11、KK14-15、KK18-20、KK22-24 均处于接通状态。此时，从＋KM 经 KK10-11 触点，绿灯，1R 电阻，断路器辅助接点 QF1 和合闸继电器线圈 HC，至－KM 构成回路接通，使绿灯发亮，但回路电流很小不足以使合闸继电器动作。绿灯亮既表示断路器处于跳闸位置，又显示控制电源和合闸回路均完好，这就表明绿色指示灯能对合闸回路状态进行监视。

在合闸回路完好的情况下，将控制开关手柄由跳闸后的水平位置顺时针方向转动 90°变为预备合闸的垂直位置。此时触点 KK9-10、KK13-14 接通，让绿灯回路改接到闪光母线＋SM 上。从而绿灯由平光变成闪光。闪光信号能提醒运行操作人员核对所操作的断路器是否有误。核对无误后，运行人员可将手柄依同一方向旋转 45°至合闸位置，触点 KK5-8、KK9-12、KK13-16、KK17-19 接通。此时，从＋KM 经 KK5-8 触点，TBJ2 接点，断路器辅助接点 QF1 和合闸接触器线圈 HC，至－KM 构成的回路接通，使合闸接触器 HC 动作。在合闸线圈回路（从＋HM 至－HM）中，当触点 HC 闭合时，合闸线圈 HQ 通电，经操作机构进行合闸操作。合闸完毕后，断路器的辅助接点也相继切换，QF2 接点变为闭合。

合闸完成后，运行人员将手柄放开，在弹簧作用下，手柄回到"合闸后"的垂直位置。此时，触点 KK13-16 接通，从＋KM 经 KK13-16，红灯 HD，2R，TBJ 电流线圈，断路器辅助接点 QF2，跳闸线圈 TQ，至－KM 构成的回路接通，使红灯发亮，但回路电流很小不足时跳闸线圈动作。红灯亮平光，表示断路器为合闸状态和跳闸回路完好。

（2）自动合闸。

断路器原为跳闸状态，控制开关手柄仍在跳闸后的水平位置。当自动投入装置的接点 1ZJ 闭合后，便将 KK5-8 触点短接，使合闸接触器 HC 动作，随即进行合闸。

在自动合闸情况下，信号回路是按不对应方式构成的。所谓不对应，是指断路器处于合闸位置，而控制开关仍保留在跳闸后位置，二者呈不对应状态。信号回路从闪光母线＋SM，经触点 KK14-15，红灯 HD、2R、TBJ 线圈，断路器辅助触点 QF2，TQ 跳闸线圈至－KM 形成通路，从而合闸指示灯发出红色闪光。这表明断路器是自动合闸。运行人员将控制开关手柄转到"合闸后"的水平位置，红灯才变为平光。

2. 跳闸过程

分手动跳闸和自动跳闸两种情况。

（1）手动跳闸。首先将控制开关手柄反时针方向旋转 90°至预备跳闸位置，触点 KK2-4、KK10-11、KK13-14、KK21-22 接通，此时，从＋SM 经 KK13-14 触点，HD 红灯，2R 电阻，TBJ 防跳继电器电流线圈，断路器辅助触点 QF2 和跳闸线圈 TQ，至

－KM 构成的回路接通，使红灯闪光，提醒运行人员核对操作的断路器是否有误。确定无误后再将手柄反时针旋转 45°至"跳闸"位置，触点 KK6-7、KK10-11、KK14-15、KK18-20、KK22-24 接通。此时，从＋KM 经 KK6-7 触点，TBJ 继电器电流线圈，断路器辅助触点 QF2 和跳闸线圈 TQ，至－KM 构成的回路接通，使跳闸线圈 TQ 通电，经操作机构进行跳闸操作。跳闸完毕后，断路器的辅助接点也相继切换，QF1 触点变为闭合。运行人员将手柄放开，手柄回到跳闸后的水平位置，绿灯发出平光。

（2）自动跳闸。如果被断路器控制的线路、变压器、发电机等发生故障，其继电保护装置动作，出口继电器 BCJ 触点闭合，便将 KK6-7 触点短接，跳闸回路接通，使断路器跳闸。此时断路器与控制开关又处于"不对应"状态，KK9-10 接通，QF1 触点闭合，从＋SM 母线，经 KK9-10，LD，1R，QF1 触点，HC 线圈，至－KM 母线构成的回路接通，绿灯闪光。同时，信号回路也会动作，发出音响，告知运行人员某设备发生故障。有关信号回路见下一节。如果运行人员将控制开关手柄转到"跳闸后"的水平位置，绿灯变为平光。

3. 电气防跳原理

当合闸过程中，正遇到永久性故障，如果没有防跳装置，断路器跳闸后，可能手柄还未放开或控制开关触点被卡住，或自动合闸接点被卡住，断路器可能再次合闸，随后断路器又跳闸，断路器一会儿合，一会儿又跳，可能使合闸线圈和跳闸线圈烧毁。为了防止这种现象发生，控制回路加入防跳继电器。其工作原理为：跳闸回路中加有防跳继电器 TBJ 的电流线圈，当跳闸回路接通时，该线圈也通电，TBJ1 触点闭合，TBJ2 触点断开，使合闸回路的合闸接触器无法通电，从而断路器不可能再次合闸，而且如果 KK5-8 触点卡住或 1ZJ 触点卡住，TBJ 继电器的电压线圈继续通电起着自保持作用。

（二）音响监视的控制回路和位置信号回路

音响监视的控制回路在原理上与灯光监视控制回路是一样的。不同之处有：没有红绿灯，由合闸位置继电器 HWJ 和跳闸位置继电器 TWJ 代替，位置信号灯只有一个，嵌在控制开关手柄内。用音响来监视控制回路是否完好。控制回路与信号回路分开。

具体控制回路图见图 4-2，这里采用的控制开关为 LW2-YZ-1a、4、6a、40、20、20/F1。断路器控制过程如下：

1. 合闸过程

（1）手动合闸。

合闸之前，控制开关处于跳闸后位置，KK14-15 触点接通。合闸回路中，从＋KM 开始，经跳闸位置继电器 TWJ 线圈，QF1 触点，HC 合闸接触器线圈，至－KM 构成的回路接通，TWJ 动作，但不足使 HC 动作。TWJ 线圈带电后，TWJ1 触点闭合，所以信号回路从＋XM 开始，经 KK14-15 触点，TWJ1，控制开关位置灯，电阻 R，至－XM 构成的回路接通，控制开关位置灯发平光。控制手柄先顺时针转 90°到"预备合闸"垂直位置，KK13-14 触点接通，从闪光母线＋SM 开始，经 KK13-14，TWJ1，

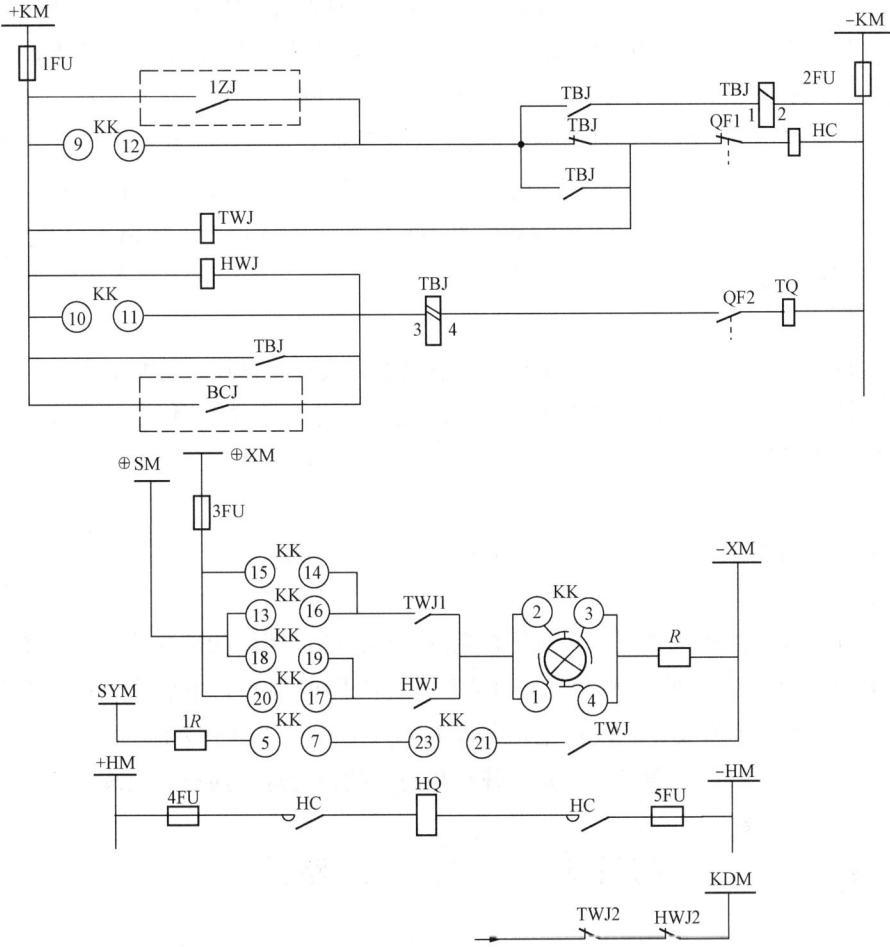

LW2-YZ-1a、4、6a、40、20、20/F1触点图表

在"跳闸"后位置的手柄（正面）的样式和触点盒（缝面）接线图	合跳	○1 ○2 ○5 ○6	○9 ○10 13 14	17 18 21 22 25 26
		4 3 8 7	12 11 16 15	20 19 24 23 28 27
手柄和触点盒的型式	F1	灯 1a	4 6a	40 20 20
位置　　　触点号	—	— 5-7 6-8	9-12 10-11 13-14 13-16 14-15	17-18 18-19 17-20 21-23 21-22 22-24 25-27 25-26 25-28
跳闸后	▬●	— ×	— — — — ×	— × — — — × — — ×
预备合闸	▮	× —	— — — — —	× — — — — — — — —
合闸	◢	— —	× — — × —	— — × — — × — — —
合闸后	▮	× —	— — — — —	× — — — — — — — —
预备跳闸	▬●	— ×	— — — × —	— × — — — × — — —
跳闸	◢	— —	— × — — ×	— × — × — — × — ×

图 4-2　音响监视控制回路

控制开关指示灯，电阻 R，至 $-XM$ 构成的回路接通，手柄指示灯闪光，手柄再顺时针转 $45°$ 到"合闸"位置，KK9-12 触点接通，合闸回路从 $+KM$ 开始，经 KK9-12，TBJ2，QL1 和 H C，至 $-KM$ 接通，HC 动作，进行合闸。同时手柄放开后，又回到"合闸后"的垂直位置。此时，跳闸回路从 $+KM$ 开始，经 HWJ 线圈，TBJ，DL2，TQ，至 $-KM$ 构成的回路接通，使合闸位置继电器 HWJ 动作，但不足于使 TQ 动作，同时，KK17-20 触点接通，从 $+XM$ 开始，经 KK17-20、HWJ2、手柄指示灯至 $-XM$ 构成的回路接通，手柄指示灯发平光。

（2）自动合闸。

由自动投入装置的接点 1ZJ 代替 KK9-12 触点来完成合闸操作。合闸后断路器状态与控制开关处于不对应状态，手柄带指示灯发闪光。运行人员将手柄顺时针转动 $90°$ 至合闸后位置，指示灯发平光。

2. 跳闸过程

也分手动跳闸和自动跳闸。可参考灯光监视控制回路说明。

3. 音响监视

这种控制回路是用音响来监视回路是否完好。如果控制回路的熔断器熔断，造成合闸位置继电器 HWJ 与跳闸位置继电器 TWJ 的线圈同时断电，它们的触点 HWJ2、TWJ2 均闭合，辅助小母线 $+FM$ 接至信号小母线 KDM，启动中央信号，发出音响，提醒运行人员注意。然后，通过断线光字牌查找熄灭的指示灯，便可以发现故障回路。

第四节 信 号 回 路

当一次系统发生故障或出现异常情况或二次系统出现异常，应及时告知运行人员。完成此任务就是二次系统中的信号回路。信号类型有以下几种：

（1）事故信号：如一次设备发生故障，相应的断路器跳闸，信号装置会发出强烈的电笛音响，断路器的位置指示灯发出闪光，告知运行人员发生故障，以便进行处理。

（2）预告信号：一次设备出现异常情况，例如，过载、过电压、小电流接地系统发生单相接地，变压器轻瓦斯保护动作，还有二次回路断线等，信号装置发出有别于事故信号的音响—铃响，同时相应的光字牌变亮。

（3）位置信号：包括断路器和隔离开关位置信号。

（4）其他信号：指挥信号、联络信号等。

前两种信号是二次信号回路的中心部分，通常也称中央信号。一般集中装设在中央信号屏内。下面介绍中央信号回路。

1. 事故信号回路

事故信号回路的作用是当断路器跳闸后，启动电笛发出音响。实现音响的方式很多：有直流或交流；有直接动作或间接动作；有个别解除或中央解除；有不能重复动作或能重复动作等。小型变电所中因线路不多，可采用个别复归，不能重复动作的事故信号装置。中、大型变电所都采用中央复归，能重复动作的事故信号装置。后一种事故信号回路如图 4-3 所示。

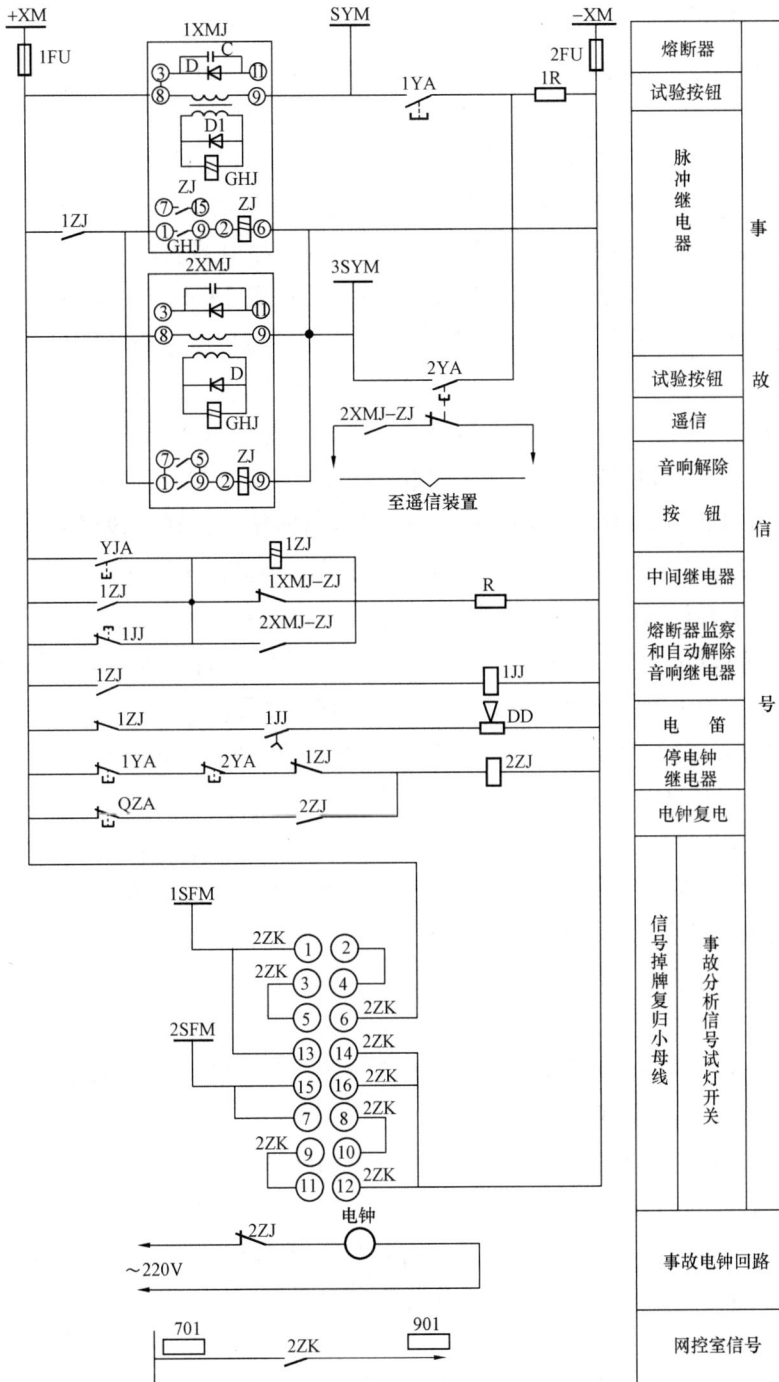

图 4-3　事故信号回路

图 4-3 事故信号回路中的主要元件是脉冲继电器 XMJ，它能接受各种事故的信号脉冲，将其转换为音响信号，并能实现多次重复动作。其主要部件有：①微分变流器，把持续的矩形电流脉冲转换为尖脉冲；②灵敏元件 GHJ，为单触点干簧记忆继电器，若电流通过线圈所产生磁通的极性与永久磁铁的极性相同，干簧触点即闭合，否则就断开；③出口元件 ZJ；④复归继电器。图中 SYM 是控制回路的事故小母线，当断路器事故跳闸时，SYM 就与负电源相通。1SYM 是直流系统的事故小母线，2SYM 是 6～10kV 配电装置的事故小母线，3SYM 是需要发遥信的断路器所接的事故小母线。1JJ 是熔断器监视和自动解除音响继电器，2ZJ 是停电钟继电器，DD 是电笛。

当断路器跳闸时，SYM 接通负电源，1XMJ 脉冲继电器启动，GHJ 灵敏继电器动作，GHJ1 触点闭合，ZJ 出口继电器线圈通电，其接点 1XMJ－ZJ1 和 1XMJ－ZJ2 闭合。其中 1XMJ－ZJ1 触点，使 1ZJ 中间继电器线圈被短接而失磁，1ZJ3 接点闭合，使电笛回路通电，电笛发出音响。应注意 1ZJ 中间继电器线圈在事故信号装回路投入运行是激磁的，因为那时，1JJ 继电器未激磁，1JJ1 触点是闭合的，随后 1ZJ1 接点又自保持。同时，1ZJ2 触点也是闭合的，1JJ 继电器线圈激磁，1JJ2 触点闭合。当 1ZJ 线圈失磁，1JJ2 触点将断开，但是延时断开的，所以电笛回路会接通一段时间，随后电笛音响自动解除。1ZJ 中间继电器时间，1ZJ4 触点闭合，复归继电器 FJ 动作，触点 FJ1 进行切换，让灵敏元件通入反向电流而使干簧触点 GHJ1 断开。如果运行人员感到电笛音响时间过长，可以按下 YJA 按钮，电笛音响手动解除。解除音响后，1JJ1 触点延时闭合，使 1ZJ 中间继电器线圈重新激磁，所有接点均恢复常态。

事故发生后，脉冲继电器动作，1XMJ-ZJ2 触点闭合，使停电钟继电器 2ZJ 回路接通，2ZJ1 触点闭合自保持，2ZJ 触点断开使电钟停摆，显示故障时间。

若某一断路器跳闸后，引起事故信号回路动作，虽然音响已解除，但事故尚未处理完毕，另一断路器又发生跳闸。此时，事故信号母线上再并入一条启动回路。两条并联的结果，使回路电阻减少，以致微分变流 BL 原电流由稳定值突然增加，使脉冲继电器再次启动，事故信号回路又再动作一次。

2. 预告信号回路

预告信号的作用是一次设备发生不正常情况下，一面发出铃声音响，一面是相应的光字牌变亮，通知运行人员进行处理。

预告信号回路的工作原理基本上与事故信号回路是一样的，也是脉冲继电器为主要元件，先由预告信号起动脉冲继电器，再由脉冲继电器的出口元件接通警铃回路，发出铃响并能实现自动解除，也可手动解除。所不同之处是预告信号要先经过预告信号光字牌，再接通脉冲继电器，这样又可以实现光字牌变亮。

第五节 继电保护装置

继电保护装置是反应一次系统故障和异常情况的一种装置。一次系统最常见的故障是短路。一次系统发生短路时，其电压下降，电流增大，电流方向发生变化，电流波形也发生变化，继电保护装置就是检测这些信息并作出反应的一种装置。电力系统发生故障将影响用电设备的正常运行，造成设备损坏，严重时将破坏电力系统稳定运行，引起大面积停电。因此要求快速，准确地将故障设备切除，保障非故障设备继续运行是电力系统运行的一个重要任务。继电保护装置就成为电力系统运行不可缺少的一个重要装置。

电力系统运行对继电保护装置有如下要求：

1. 选择性

选择性系指保护装置选择故障元件的能力。也就是保证只切除故障元件，非故障部分仍能继续运行。例如，甲、乙相邻的两条线路，故障发生在甲线路，两条线路的保护装置检测到电流，电压都一样，甲线路保护将甲线路切除，乙线路保护没有把乙线路切除，这就是具有选择性。如果把乙线路切除，那就是缺乏选择性。

2. 快速性

从故障发生至保护出口继电器接点闭合称为继电保护装置动作时间。保护动作时间越短，对用电设备影响越小，对一次设备受损越小，对提高电力系统运行稳定性越有利。追求保护的快速性是继电保护工作者的目标。但是有时为了先满足选择性要求，不得不增加保护时间。虽然高档的保护装置更能满足快速性的要求，但是投资费用大，选择何种保护装置，应根据设备的重要性，经济性进行权衡。目前保护装置最快动作时间为 0.02～0.04s。

3. 灵敏性

灵敏性是指保护装置对被保护设备发生故障的反应能力。例如，过电流保护整定动作电流为 100A，最小的故障电流比 100A 大得越多，说明保护越灵敏。继电保护规程对灵敏度有规定，若不能满足要求，就应选用其他保护方式。

4. 可靠性

可靠性是指要求保护装置应该动作时，它不应该拒绝动作；而要求它不应该动作时，它不应该误动。为了防止意外，除于设置主保护外，还应设置后备保护。有的重要一次设备还设置两套保护或增设辅助保护。后备保护分为近后备和远后备，近后备保护是指本设备主保护拒绝动作时，能及时切除故障的保护，远后备是指相邻设备保护或其断路器拒绝动作时，而动作切除故障的保护。辅助保护是主保护和后备保护的补充或主保护因故退出运行起主保护作用。

可靠性与保护装置的设计、制造、安装有关，也与调试、运行维护有关。除此之外，保护装置的整定计算也是十分重要，因保护装置整定计算出错，而造成保护拒动或误动也有发生过。

继电保护装置按其结构分为电磁式，晶体管式和微机式。但是保护的原理是一样的。下面只讨论保护原理，不涉及具体结构。

一次设备不同其保护方式也不同。下面讨论各种一次设备的保护方式。

一、输电线路继电保护

小电流接地系统的输配电线路对付相间短路，一般采用过电流保护。过电流保护有两段式过电流保护——过电流速断（一段）和限时过电流（二段）；有三段式过电流——过电流速断（一段），限时过电流速断（二段）和定时过电流（三段）。有时还采用低电压过电流保护。如果线路两端都有电源，应采用方向过电流保护。有平行双回路还可以采用线路横差保护。个别地方还有采用线路纵差保护。

大电流接地系统的输配电线路对付相间短路除了采用过电流保护外，还有距离保护，高频保护。对付接地短路，一般采用零序过电流保护。

（一）过电流保护

1. 电流速断

反应电流增大而瞬时动作切除故障的过电流保护称为无时限过电流保护，简称电流速断或电流Ⅰ段。电流速断保护可以采用三相星形接法，也可以采用两相星形接法。每一相串接一个电流继电器，电流继电器的接点可以直接或经中间继电器接通断路器的跳闸回路，一般由2个或3个电流继电器接点并联再接通中间继电器，最后由中间继电器接点接通跳闸回路。为了具有选择性，当与线路末端相连的相邻的线路发生短路时，电流速断不应该动作。为此电流速断的启动电流应与下一条线路的瞬时电流速断配合，即应躲过下一条线路首端可能发生的最大短路电流，也就是本线路末端可能发生的最大短路电流。所以电流速断起动电流的整定值（一次电流）为

$$I_{zd1} = K_k I_{mdd} \tag{4-1}$$

式中　I_{zd1}——电流速断动作电流整定值；

　　　K_k——可靠系数；

　　　I_{mdd}——线路末端可能发生的最大短路电流。

可靠系数一般取1.2～1.3。这是考虑继电器动作电流的误差和短路电流计算的误差，并留有一定裕度。

电流速断的优点是接线简单，动作迅速，但它的缺点是不能保护线路全线。为此必须加装其他保护。

2. 限时电流速断

反应电流增大而延迟一定时间才动作切除故障的过电流保护称为限时电流速断，简称电流Ⅱ段。它的接线方式与电流速断相似。不同之处是电流继电器的接点先接通时间继电器，再由时间继电器的接点接通跳闸回路或再经中间继电器才接通跳闸回路。时间继电器起着限时作用。限时电流速断是用来弥补电流速断的不足。它能保护线路的全长，但不能超过下一条线路瞬时电流速断的保护范围。其动作电流的整定原则为

（1）躲过下一条线路瞬时电流速断保护范围末端的短路电流，即

$$I_{zd2} = K_k I_{xmd} \tag{4-2}$$

式中　I_{zd2}——限时电流速断动作电流整定值；

　　　K_k——可靠系数，取1.1～1.2；

I_{xmd}——下一条线路瞬时电流速断保护区末端短路流过本线路的短路电流。

（2）为了保证限时电流速断能保护全线，必须校验其灵敏度，即

$$K_l = I_{mdx} / I_{zd2} \qquad (4\text{-}3)$$

式中　K_l——灵敏系数，大于1.3；

　　　I_{mdx}——线路末端可能出现的最小短路电流。

如果不能满足灵敏度要求，应按式（4-3）进行整定。与相邻下一条线路保护实现有选择性动作，主要依靠保护动作时限来解决。

线路的限时电流速断保护限时比瞬时电流速断保护的动作时限高一个时间阶段。一个时间阶段 Δt 一般定为0.5s。

3. 定时过电流

反应电流增大而延迟较长时间才动作切除故障的过电流保护称为定时过电流，简称电流Ⅲ段。这种保护动作电流的整定值是按躲过最大负荷电流来计算的。动作时间要比限时电流速断高一个时间阶段。接线方式与限时电流速断一样。它能保护线路全长，可以作为本线路的后备保护，也可以作邻近线路的后备保护。主要缺点是保护动作时间较长。它的电流整定值为

$$I_{zd3} = K_k \, K_z \, I_{max} / K_f \qquad (4\text{-}4)$$

式中　I_{zd3}——定时过电流动作电流整定值。

　　　K_k——可靠系数，一般取1.2～1.5。

　　　K_z——自启动系数，考虑电动机启动时电流增大。这与负荷性质有关。

　　　K_f——电流继电器的返回系数，考虑继电器返回时的机械阻力，一般取0.85～0.95。

　　　I_{max}——线路最大负荷电流。

灵敏度校验：本线路末端可能发生的最小短路电流与定时过电流整定值之比值应大于1.5。如果作为下一条线路的后备保护时，下一条线路的末端可能发生的最小电流与定时过电流整定值之比值应大于1.2。

图4-4是上述三段式过电流保护的展开图。电流互感器是两相星形接法。每相串接三个电流继电器，一个用于电流速断，一个用于限时电流速断，一个用于定时过电流。中性线串接一个电流继电器，用于定时过电流。一段动作直接接通中间继电器，后两段动作后先接通时间继电器，然后由时间继电器接点接通中间继电器，最后由中间继电器接通断路器跳闸回路。XB为压板，作为调

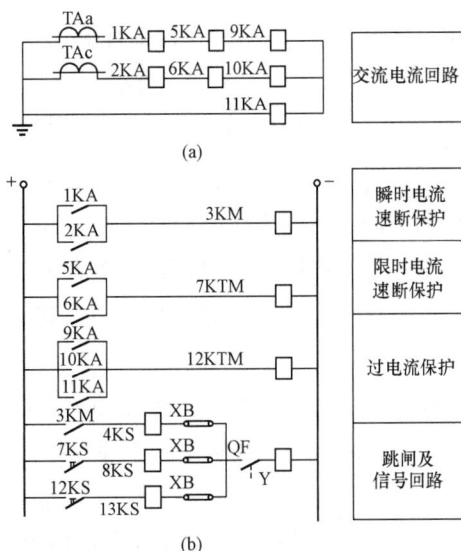

图4-4　三段式过电流保护展开接线图

(a)交流回路展开图；(b)直流回路展开图

试用。

（二）方向过电流

对于双电源或单侧电源环形供电电网，采用阶梯时限特性的过电流保护不能满足选择性要求，因为正向短路有电流通过，反向短路也有电流通过，过电流保护都会动作。为此，过电流保护装置中要加一个功率方向继电器进行判别，正方向短路才动作，反方向进行闭锁。功率方向继电器有一个电压回路，一个电流回路，利用电压与电流之间的相位关系判别电流方向。当短路靠近线路首端时，电压很低，也就是有电压死区，功率方向继电器可能拒绝动作，为此，可以取故障相电流，取非故障相电压，但三相短路无法解决，应采用其他保护补救。

（三）零序过电流保护

接地短路占短路故障的约80%，而且正常运行零序电流几乎接近于零，发生接地短路，零序电流明显增大，所以采用零序过电流保护可以大大提高保护的灵敏性和快速性。大电流接地系统的线路除了配置一般过电流保护外，还应配置零序过电流保护。接地短路有下列几个特点：①故障点零序电压最高，离故障点越远，零序电压越低；②零序电流是由故障点向两侧流动，即由线路流向母线，与正序电流方向相反；③零序电流与零序网结构关系大，与电源的数量和分布关系不大，也就是与系统运行方式变化关系不大。这些特点对零序过电流保护有一定的影响。

零序过电流保护也分为三段。

1. 无时限零序电流速断保护

简称零序Ⅰ段，启动电流的整定原则为

（1）躲过线路末端接地短路可能出现的最大零序电流 I_{mdd0}，即

$$I_{zd01} = K_k I_{mdd0} \tag{4-5}$$

式中　I_{zd01}——无时限零序电流速断电流整定值；

　　　K_k——可靠系数，一般取 1.2～1.3；

　　　I_{mdd0}——线路末端接地短路可能出现的最大零序电流。

（2）躲过断路器三相触头不同时合闸时出现的零序电流。计算公式参考式（4-5）。如果保护动作时间大于断路器合闸时间，可以不考虑这一条件。

（3）如果线路配有单相自动重合闸时，应躲过非全相运行时出现的最大零序电流。

根据这三个条件，选择其中最大的一个为整定值。

2. 限时零序电流速断保护

简称零序Ⅱ段，其动作电流的整定原则为

（1）躲过下一条线路零序Ⅰ段保护范围末端的短路电流，即

$$I_{zd02} = K_k I_{xmd0} \tag{4-6}$$

式中　I_{zd02}——限时零序电流速断电流整定值；

　　　K_k——可靠系数，取 1.1～1.2；

　　　I_{xmd0}——下一条线路瞬时零序电流速断保护区末端接地短路流过本线路的零序

电流。

（2）为了保证限时零序电流速断能保护全线，必须校验其灵敏度，即

$$K_1 = I_{mdx0} / I_{zd02} \qquad (4-7)$$

式中　K_1——灵敏系数，大于 1.5；

　　　I_{mdx0}——线路末端接地短路可能出现的最小零序电流。

如果不能满足灵敏度要求，应按式（4-7）进行整定。与相邻下一条线路保护实现有选择性动作，主要依靠动作时限来解决。

3. 定时零序过电流

简称零序Ⅲ段。它能保护线路全长，可以作为本线路的后备保护，也可以作邻近线路的后备保护。它的电流整定值选择原则为：

（1）躲过在下一条线路出口处三相短路时所出现的最大不平衡电流。也就是零序Ⅲ段的电流整定值等于可靠系数乘以下一条线路出口三相短路时的最大不平衡电流。

（2）要与下一条线路零序Ⅱ段配合。为此，本线路零序Ⅲ段的保护范围不得超过下一条线路零序Ⅲ段的保护范围。本线路零序Ⅲ段的电流整定值等于可靠系数乘以下一条线路零序Ⅲ段保护区末端发生接地短路流过本线路的最大零序电流。

（3）按灵敏度整定。零序Ⅲ段的电流整定值等于本线路末端发生接地时的最小零序电流除以灵敏系数，灵敏系数取 2。或相邻下一条线路末端发生接地短路流过本线路的最小零序电流除以灵敏系数，灵敏系数取 1.5。

一般先按原则（1）和（2）计算，后者检验。如果不能满足后者，就应按后者计算。

零序过电流保护加功率方向继电器以判别接地短路的方向的称为零序过电流方向保护。零序电流正方向与正序电流相反。所以加入功率方向继电器除了零序电压，应加入负的零序电流。零序过电流方向保护也分为三段。有时加一段无方向的零序过电流，称为零序Ⅳ段。零序Ⅳ段主要作用是作为后备保护。按躲过正常最大负荷电流产生的不平衡电流计算其整定值。

（四）距离保护

过电流保护最大缺点是受电力系统运行方式变化的影响很大。不同运行方式要同时满足选择性、快速性、灵敏性的要求很困难。距离保护是一种不受运行方式变化影响的保护方式。距离保护是反应保护安装地点与故障点之间距离的保护方式，这个距离就是线路的阻抗。离保护安装地点越近的故障，测得阻抗越小，离保护安装地点越远的故障，测得阻抗越大。检测保护安装地点至故障点的阻抗就可以判定故障发生在哪一条线路，从而将故障线路切除。

距离保护的主要元件是阻抗继电器。阻抗等于电压除以电流。阻抗继电器需要输入保护安装地点母线的电压和故障电流。最简单的阻抗继电器是将输入量形成两个电压，然后比较它们的大小来判别继电器是否动作，例如，将电流流入一个等于整定值的阻抗上就形成一个电压，如果这个电压大于母线电压，那么故障阻抗就小于整定值阻抗，继

电器就动作，否则继电器就不动作。阻抗继电器有全阻抗继电器，方向阻抗继电器，偏移特性阻抗继电器和直线特性阻抗继电器。阻抗可以用直角坐标表示，横坐标表示电阻，纵坐标表示电抗。全阻抗继电器就是以原点为圆心，以整定值阻抗为半径作圆。如果测得阻抗落在圆内，阻抗继电器就动作，落在圆外就不动作。对于方向阻抗继电器，其圆心不在原点，整个圆偏向于第一象限，原点是圆周上的一个点，测得阻抗落在圆内才动作，落在圆外不动作，只有阻抗为正值，阻抗继电器才有可能动作，为负值就不动作。

距离保护分为三段。一般Ⅰ段、Ⅱ段采用方向阻抗继电器，Ⅲ段采用全阻抗继电器。

1. 距离保护Ⅰ段

为了与下一条线路的距离保护Ⅰ段动作阻抗配合，保护的动作阻抗应躲过下一条线路首端（即本线路末端）短路来整定，即

$$Z_{zd1}=K_k Z_L \tag{4-8}$$

式中　Z_{zd1}——距离保护Ⅰ段阻抗整定值；

K_k——可靠系数，取 0.8～0.85；

Z_L——被保护线路的阻抗。

距离保护Ⅰ段不能保护线路全长。只保护线路的 80%～85%。动作时间为瞬间。

2. 距离保护Ⅱ段

弥补距离保护Ⅰ段的不足，能保护线路全长。动作阻抗整定原则为：

（1）与下一条线路的距离保护Ⅰ段的保护范围配合，也就是应躲过下一条线路距离保护Ⅰ段保护范围末端短路，即

$$Z_{zd2}=K_{k2}（Z_L+K_{fz}K_kZ_{L2}）\tag{4-9}$$

其中　Z_{zd2}——距离保护Ⅱ段阻抗整定值；

K_{k2}——距离保护Ⅱ段取用的可靠系数，取 0.8；

Z_{L2}——下一条线路的阻抗；

K_{fz}——分支系数，等于下一条线路距离保护Ⅰ段保护范围末端短路时流过该线路的电流与流过本线路的电流实际可能的最小比值。

（2）与下一条线路相邻变压器的快速保护相配合，即

$$Z_{zd2}=K_{k2}（Z_L+K_{fz}Z_B）\tag{4-10}$$

式中　Z_B——变压器的阻抗；

K_{k2}——可靠系数，取 0.7；

K_{fz}——分支系数，等于下一条线路相邻变压器末端短路时流过该变压器的电流与流过本线路的电流实际可能的最小比值。

（3）灵敏度校验。即

$$K_1=Z_{zd2}/Z_L \tag{4-11}$$

灵敏度应大于1.5。先按原则（1）、（2）进行整定，再校验灵敏度，若不能满足灵敏度要求，应按灵敏度要求进行整定。其保护选择性要求可以用时限来解决。一般动作时间大于距离Ⅰ段一个时间阶段。

3. 距离保护Ⅲ段

弥补距离保护Ⅰ段的不足，能保护线路全长，可作为本线路的后备保护，也可兼做下一条线路的后备保护。动作阻抗整定原则为：躲过最小负荷阻抗来整定，即

$$Z_{zd3} = Z_{Lmin} / (K_k K_z K_f) \tag{4-12}$$

式中　Z_{zd3}——距离保护Ⅲ段阻抗整定值；

　　　K_k——可靠系数，一般取 1.2～1.3；

　　　K_z——自启动系数，考虑电动机启动时电流增大，这与负荷性质有关；

　　　K_f——阻抗继电器的返回系数，考虑继电器返回时的机械阻力，一般取 1.1～

　　　　　 1.15；

　　　Z_{Lmin}——最小负荷阻抗，$Z_{Lmin} = 0.9 U_N / (\sqrt{3} I_{Lmax})$；

　　　U_N——线路额定电压；

　　　I_{Lmax}——线路最大负荷电流。

距离 Ⅲ段动作时限比距离Ⅱ段高一个时间阶段。

影响距离保护装置正常工作的因素有：

（1）故障点的过渡电阻。线路发生短路时，短路点会产生电弧，电弧的基本特性是电阻，这会使距离保护测得的阻抗增大，从而使距离保护拒绝动作。一般采用带偏移特性的阻抗继电器，因为这种阻抗继电器允许较大的过渡电阻，不会产生拒绝动作。

（2）电力系统振荡。电力系统发生振荡时，各点的电流电压会出现周期性变化。振荡中心的电压等于零，相当于三相短路。这会使距离保护误动作。为了避免距离保护误动作，应区分短路与振荡，短路时一般会出现负序，零序分量，且电流电压变化率很大。振荡时不会出现负序，零序分量，电流电压变化较缓慢，据此，在距离保护装置中加入负序，零序分量或电流电压变化率为启动元件。只有出现负序，零序分量或电流电压变化率比较大时，距离保护装置才启动。

（五）线路差动保护

线路差动保护有纵差动保护和横差动保护两种。

纵差动保护是反应线路首末两端电流的大小和相位的一种保护方式，它能保护全线速断。在正常运行或线路外部短路时，线路首末两端的电流相等，方向一样；在线路中故障时，两端电流增大，方向不一样，都朝着线路中流动。纵差动保护就是利用这一特性，先测定两端电流，再将这两个电流进行相减（差），最后根据相减的结果判别保护是否动作，如果相减值小于整定值，保护闭锁；如果相减值大于整定值，保护就动作。假设首端电流为 I_1，电流互感器的变比为 n_1，二次侧电流为 I_1/n_1，末端电流为 I_2，电流互感器的变比为 n_2，二次侧电流为 I_2/n_2，以单相电流互感器为例，将首端电流互感器二次侧两个接点与末端电流互感器二次侧两个接点按差接法相连，在两个连接点接一

电流继电器，流入该电流继电器的电流等于 $I_1/n_1 - I_2/n_2$，通常两个互感器的变比相等，因此，在正常运行情况或线路外部短路下，流入电流继电器的电流几乎接近于零，所以保护不会动作。在线路中短路时，I_1、I_2 电流方向相反，流入电流继电器等于短路点电流，短路电流大大超过整定值，保护就动作。

差动回路电流继电器的整定值应遵守下列原则。

（1）躲过稳态的不平衡电流。由于电流互感器存在误差，在一次侧电流相同的情况下，二次侧电流不可能完全相同，因此正常运行或线路外部短路时，差动回路中的电流不等于零，电流继电器动作电流（二次电流）应躲过这个不平衡电流，即

$$I_{zd} = K_w K_T I_{max} / n_T \qquad (4\text{-}13)$$

其中　I_{zd}——纵差动电流整定值；

　　　K_w——电流互感器误差系数，一般取 0.1；

　　　K_T——电流互感器同型系数，两侧电流互感器为同一型号取 0.5，不同型号取 1.0；

　　　I_{max}——线路外部短路时，流过本线路的最大短路电流；

　　　n_T——电流互感器变比。

（2）躲过暂态的不平衡电流。暂态短路电流大于稳态短路电流，由于纵差保护是无时限就动作，所以应考虑暂态电流的影响。考虑暂态电流非周期分量的影响后，其整定值为

$$I_{zd} = K_w K_T K_F I_{max} / n_T \qquad (4\text{-}14)$$

式中　K_F——非周期分量的影响系数，一般取 1.0～2.0。

纵差动保护的优点是全线速断，灵敏度高，不受过负荷和系统振荡的影响。但要架设与线路一样长的辅助导线，对电流互感器要求严格，还要防辅助导线断线和短路，这都要增加投资费用和增加技术难度。一般只有其他保护方式无法满足的情况下或线路长度不大的情况下，才采用纵差动保护方式。

横差动保护用于平行双回路线路上。这种线路的特点是两条线路是并联的，电气参数是一样的，正常运行和线路外部短路时，两条线路的电流是相等的，当一条线路中发生短路时，两条线路的电流是不相等的。横差动保护就是利用这些特性构成的一种保护方式。双回线路两侧各装设一套横差动保护装置，以一相为例，每套有一个电流继电器和两个功率方向继电器，电流继电器作为启动元件，功率方向继电器作为故障线路选择元件。横差动保护是反映双回线路的电流和功率方向，有选择性地瞬时切除其中的故障线路。假设甲线路电流为 I_1，电流互感器的变比为 n_1，二次侧电流为 I_1/n_1，乙线路电流为 I_2，电流互感器的变比为 n_2，二次侧电流为 I_2/n_2，将甲线路电流互感器二次侧两个接点（a 点和 b 点）与乙线路电流互感器二次侧两个接点按差接法相连，在两个连接点之间接一个电流继电器和两个功率方向继电器，流入该电流继电器的电流等于 $I_1/n_1 - I_2/n_2$，通常两个互感器的变比相等，因此，在正常运行情况或线路外部短路下，流入电流继电器的电流几乎接近于零，所以保护不会动作；在甲线路中发生短路时，I_1 大于

I_2，差动回路的电流由 a 点经电流继电器和功率继电器流入 b 点，电流继电器启动，此时功率方向由 a 点指向 b 点，其中甲功率方向继电器动作，切除甲线路。在乙线路发生故障时，I_2 大于 I_1，差动回路的电流由 b 点经电流继电器和功率继电器流入 a 点，电流继电器启动，此时功率方向由 b 点指向 a 点，乙功率方向继电器动作，切除乙线路。

横差动保护的电流继电器的启动电流的整定值应大于外部短路产生的最大不平衡电流和两回线路参数不完全相同，电流互感器误差所产生的不平衡电流。还应大于可能出现单回路运行时的最大负荷电流。

横差动保护接线简单，动作迅速，但在靠近线路首端或末端短路时可能出现相继动作，延长故障切除时间。而且单回路运行时，横差动保护要退出，不然外部短路将会误动作。

（六）高频保护

高频保护本质上也是纵差动保护。它是用高频载波代替辅助导线传送线路两侧的电信号。高频保护的原理是反应线路首末端电流差或功率方向信号，用 $50\sim400\mathrm{kHz}$ 的高频载波通过本线路的导线（也可用微波）将信号传送到对侧加以比较而决定保护是否动作。高频保护能保护全线速动，动作时间仅有 $0.02\sim0.04\mathrm{s}$，可靠性高，广泛用于长距离超高压，特高压输电线路上。

从结构看，高频保护比较复杂，因为它需要将各端的电信息加工成高频电流，经本身线路（一相）导线发送到对方，并为两端所接受，也就是两端要装设收发信机，最后比较两端信息才作出决定，保护是否动作。

为了使高频电流只在本线路导线中流通，不会流到其他线路，线路导线两端必需串接一个高频阻波器。它是由电感线圈和可调电容组成的并联谐振回路。对于高频载波电流，它呈现的阻抗大约为 1000Ω；对于工频电流，它呈现的阻抗大约为 0.04Ω。不影响输电线路正常运行。

为了使收发信机与高压输电线路绝缘，高压线路的导线与地之间接一结合电容器和连接滤波器。结合电容器的电容很小，对工频呈现很大的阻抗。连接滤波器是一个可调的空心变压器，它的高压侧与结合电容器组成带通滤波器，低压侧通过高频电缆与收发信机相连。

高频收、发信机的作用是发送和接受高频信号。发信机是由继电保护装置来控制。由发信机发出信号，通过高频通道为对端的收信机所接受，也可为自己一端的收信机所接受。高频收信机接受到本端和对端所发送的高频信号，经过比较判别之后，再动作于跳闸或将它闭锁。

高频通道的工作方式分为两种，一种是短期发信，也就是正常运行无高频电流，故障时才发信；另一种是长期发信，即长期有高频电流。保护如何工作都是以接受的高频信号为准。

高频信号分为三种：闭锁信号、允许信号和跳闸信号。

所谓闭锁信号，系指发生故障时，收不到这种信号是高频保护动作跳闸的必要条件。当外部故障时，有一端的保护发出高频闭锁信号将两端的保护闭锁，当内部故障时，两端均不发闭锁信号，因而也收不到闭锁信号，保护即可动作于跳闸。

所谓允许信号，系指收到这种信号是高频保护动作跳闸的必要条件。当外部故障时，保护收不到允许信号，就不会跳闸；当内部故障时，两端均发出允许信号，且收到允许信号，保护就动作跳闸。

所谓跳闸信号，系指收到这种信号是高频保护动作跳闸的充分必要条件。实际上是利用装设在每一端的电流速断，距离Ⅰ段、零序Ⅰ段等保护，当其保护范围内故障而动作于跳闸的同时，还向对端发出跳闸信号，直接使对端的断路器跳闸。采用这种工作方式时，两端保护构成比较简单，无需互相配合，但是两端保护动作范围之和应大于线路的全长，才能保证全线速断。

高频保护有高频闭锁方向保护、相差高频保护和高频闭锁距离保护三种。

高频闭锁方向保护是通过高频通道间接比较被保护线路两侧的功率方向，以判别是保护范围内故障还是外部故障。正常运行时，两侧均不发高频信号。保护的启动元件是电流Ⅲ段的电流继电器或距离保护Ⅲ段的阻抗继电器。当区外故障时，被保护线路近短路点的一侧为负功率方向，向输电线路发出高频闭锁信号，两侧收信机接收到高频信号后将各自的保护闭锁。当区内故障时，线路两端的功率方向均为正，发信机不向线路发送高频信号，保护的启动元件不被闭锁，瞬时跳开两侧断路器。

相差高频保护是比较被保护线路两侧电流的相位，即利用高频信号将电流的相位传送到对侧去进行比较以决定是否跳闸。设电流从母线流向线路为正方向，从线路流向母线为负方向。当区内故障时，两侧电流相位接近于零，保护发出跳闸脉冲，切断两侧断路器；当外部故障时，两侧电流相位接近于 $180°$，保护不动作。如何传送电流相位和判别电流相位呢？一般正常运行时，两侧均不发高频信号，故障时，过电流继电器作为启动元件，启动发信机，发射高频电流的规则为线路电流的上半周发射高频电流，下半周不发射，收信机接收高频信号，若接收到的高频信号是连续的，说明是区外故障，就闭锁跳闸回路；若接收到的高频信号是断续的，说明是区内故障，就接通跳闸回路。高频信号传输过程会有衰减，接受到的高频信号还要进行检波，限幅，倒相等处理。

高频闭锁距离保护是兼有高频闭锁方向保护和距离保护的功能，既能保证全线速断，又能起到后备保护的作用。它是使距离Ⅱ段具有保护全线速断又有Ⅱ段延时动作的功能，使距离Ⅲ段具有启动元件和后备保护的功能。当线路发生故障，启动元件动作后，为发信机做好准备，如果功率方向是正的，发信机不发出高频信号，只有反方向才发出高频闭锁信号。功率方向是由距离Ⅱ段的方向阻抗继电器来确定的，如果距离Ⅱ段动作，说明功率是正方向，不许发信机发信，如果距离Ⅱ段不动作，说明功率是反向，就允许发信机发信。如果距离Ⅱ段动作，且收信机没有收到高频闭锁信号，那么保护就瞬时跳闸；若收信机收到高频闭锁信号，保护不会瞬时跳闸，而是经过距离Ⅱ段的时间继电器所整定的时间后才接通跳闸回路。距离Ⅲ段除了作为启动元件外，它动作后，还接通时间继电器，经所整定的时间后接通跳闸回路，作为本线路和其他线路的后备保护。

二、电力变压器继电保护

电力变压器是电力系统非常贵重的电气设备。它的故障对供配电系统带来严重的后果。因此要求电力变压器配置性能良好，动作可靠的继电保护装置。

变压器故障分为油箱内部和油箱外部故障。油箱内的故障有相间短路，绕组的匝间短路和单相接地短路。油箱外部故障有引线和套管处的相间短路和接地短路。这些故障会引起电流增大，电压下降，油温升高，产生大量气体，甚至发生爆炸。根据这些现象变压器可以配置瓦斯保护、过电流保护、低压过流保护、纵差动保护、负序电流保护、零序过电流保护等。

（一）瓦斯保护

瓦斯保护是反应变压器油箱内部气体数量和流动速度而动作的保护。它的主要元件是气体继电器。气体继电器一般装在油箱与油枕之间的连接管道上。

瓦斯保护分为轻瓦斯保护和重瓦斯保护两种。轻气体保护经时间继电器延时动作于信号，重瓦斯保护动作于跳闸和信号。

油箱里除了装有气体继电器外，还装有温度继电器，当油温升高某一定值时，温度继电器动作，并使相应的预告光字牌发亮和发出音响。

（二）电流速断保护

变压器的电流速断保护是反应电流增大而瞬时动作的保护。装于变压器的电源侧，为了保证选择性，速断保护只能保护变压器的一部分。

变压器电流速断的电流的整定原则为：

（1）躲过变压器负荷侧出口短路时的最大短路电流，即

$$I_{zd} = K_k \, I_{max} \tag{4-15}$$

式中　I_{zd}——电流速断的整定值；

　　　K_k——可靠系数，取 $1.3 \sim 1.4$；

　　　I_{max}——负荷侧短路的最大短路电流。

（2）躲过变压器的励磁涌流，根据经验，励磁涌流是额定电流的 $3 \sim 4$ 倍，那么

$$I_{zd} = (3 \sim 4) \, I_N \tag{4-16}$$

式中　I_N——变压器的额定电流。

（3）灵敏度校验，变压器电源侧断路最小的短路电流与整定值电流值比值应大于 2。

（三）纵差动保护

变压器纵差动保护与线路纵差动保护原理相同。变压器纵差动保护是比较高低压侧电流的大小和方向的。由于变压器的结构和特性与线路不一样，在正常运行时和区内故障时，会出现较大的不平衡电流，必须设法减少不平衡电流，才能使保护具有足够的灵敏度。产生不平衡电流的原因有：

（1）变压器的励磁电流和励磁涌流。正常运行情况下，归算到一侧的变压器两侧电

流不完全相等，因为有变压器的励磁电流存在，在空载合闸时，会出现很大的励磁涌流，有非常大非周期分量存在，这电流将流入差动回路中。

（2）变压器各侧绕组的接线方式不同。例如 Yd11 接线方式，两侧电流有 30°相位差。

（3）各侧电流互感器的计算变比与所选用的标准变比不等。

（4）各侧电流互感器的型号不同。

（5）运行中改变变压器的分接头。

问题（2）可以将变压器的电流互感器采用相位补偿接法加以解决，即变压器的 Y 侧的电流互感器的二次侧接成 Δ 形，变压器的 Δ 侧的电流互感器的二次侧接成 Y 形。

问题（1）可以采用 BCH-2 型差动继电器加以解决。也就是在差动回路连接的不是一般电流继电器，而是连接一个 BCH-2 型差动继电器。BCH-2 型差动继电器由带短路线圈的速饱和变流器与 DL11 型的电流继电器组成。速饱和变流器一次侧线圈有一个差动线圈连接差动电流，并有一个平衡线圈，连接二次侧电流较小的一臂。在正常运行和区外短路时，使平衡线圈和差动线圈产生的合成磁势为零，可以消除不平衡电流的影响，但实际上平衡线圈只有整数匝可选择，因此不平衡电流不可能完全消除。在区内短路时，平衡线圈和差动线圈的磁势是同方向的，从而提高了保护的灵敏度。速饱和变流器还带有短路线圈，其作用是消除励磁涌流非周期分量的影响。速饱和变流器的二次侧连接 DL11 型的电流继电器，其接点接通断路器的跳闸回路。其他问题可以通过合理选择动作电流的整定值加以解决。

变压器纵差动保护的动作电流按以下三个原则确定。

（1）躲过变压器的励磁涌流。当采用 BCH-2 型差动继电器时，取

$$I_{zd} = 1.3 I_N \tag{4-17}$$

式中　I_{zd}——变压器纵差动保护的动作电流；

　　　I_N——变压器的额定电流。

（2）躲过外部短路时的最大部平衡电流，即

$$I_{zd} = K_k I_{max} \tag{4-18}$$

式中　K_k——可靠系数，取 1.3；

　　　I_{max}——变压器外部短路时的最大部平衡电流。

（3）躲过电流互感器二次回路断线时差动回路的电流，即

$$I_{zd} = K_k I_{zF} \tag{4-19}$$

式中　I_{zF}——变压器的最大负荷电流。

最后进行灵敏度校验，变压器内部短路的最小电流与整定电流值比值应大于 2。

（四）变压器的后备保护

变压器的后备保护有简单过电流保护，低电压启动的过电流保护，负序过电流保护和过负荷保护等。

（1）过电流保护。

过电流保护应装于变压器的电源侧，采用完全星形接线，动作跳两侧断路器。动作电流应躲过变压器可能出现的最大负荷电流。单台降压变压器过电流保护的动作电流为

$$I_{zd} = K_k K_z I_{max} / K_f \qquad (4-20)$$

式中 I_{zd}——过电流保护电流整定值。

K_k——可靠系数，一般取 $1.2 \sim 1.3$；

K_z——自启动系数，取 $1.2 \sim 1.3$；

K_f——电流继电器的返回系数，一般取 0.85；

I_{max}——最大负荷电流或取变压器的额定电流。

如果有几台变压器并列运行，最大负荷电流应考虑一台变压器停运时的负荷电流。

进行灵敏度校验，变压器内最小短路电流与整定电流的比值应大于 1.5。如果兼作出线的后备保护，出线末端最小短路电流与整定电流的比值应大于 1.2。

保护动作时间比出线的第三段保护高一时限阶段。

（2）低电压启动的过流保护。

当过电流保护不能满足灵敏度要求时，可采用低电压启动的过电流保护。只有低电压继电器和过电流继电器同时动作后，才能启动时间继电器，经整定时间后发出跳闸脉冲信号。加了低压继电器后，式（4-20）整定电流就不需要考虑自启动系数，从而提高了灵敏度。为什么不要考虑自启动系数？是因为外部故障被切除后，负荷的电动机要重新启动。此时电压已恢复正常，低压继电器已复位，因此保护不会动作。

低压继电器的动作电压应小于正常运行情况下母线可能出现的最低工作电压；同时，在外部故障被切除后电动机自启动过程中，保护必须返回。一般取 0.7 额定电压。

低压继电器的灵敏度等于动作电压除于区内故障可能出现的最大电压，一般应大于 1.2。

（3）复合电压启动的过电流保护。

当低压过电流保护的灵敏度不能满足要求时可采用复合电压启动的过电流保护。复合电压启动的过电流保护与低压过电流保护不同之处是电压启动部分。复合电压启动部分是由负序电压滤过器，过电压继电器和低电压继电器组成。当发生不对称短路时，出现负序电压，过电压继电器动作，其常闭接点断开低电压继电器的电压线圈回路，使低电压继电器失压，低电压继电器动作，低压闭锁开放。若电流继电器也动作，则启动时间继电器经整定时间发出跳闸脉冲。由于负序过电压继电器整定值较低，一般为 $0.06 \sim 0.12$ 的额定电压，可以提高保护的灵敏度。当发生三相短路时，也会短时出现负序电压，负序过电压继电器也会动作，使低压继电器失压，同样启动保护回路。由于三相短路电压较低，即使负序电压消失后，低压继电器不会立即返回，不影响保护工作。

（4）负序电流保护。

对于大型的变压器，过电流保护往往不能满足灵敏度要求，可采用负序电流保护。它是由反应对称短路的低电压启动的过电流保护和反应不对称短路的负序电流保护组成。负序电流继电器的动作电流应按躲过正常运行最大的不平衡负序电流，躲过线路一

相断线时出现的负序电流，与相邻元件的负序电流保护相配合等条件进行选择。

（5）过负荷保护。

当变压器电流超过额定电流时，过电流继电器动作，经一定时限，一般 10s，发出音响信号和光子牌信号，这就是过负荷保护。

（6）变压器的零序保护。

110kV 以上的大电流接地系统中的电力变压器一般应装设零序电流保护，作为自身的后备保护，也可作为相邻元件的后备保护。

系统发生接地短路的零序电流与变压器中性点接地的数量有关。变压器中性点接地的数量越多，零序电流越大。为了使变压器运行方式变化后发生接地短路时的零序电流变化不大，不要求所有变压器的中性点都接地，例如变电站有 2 台变压器并联运行，一般只要 1 台变压器中性点接地。但有些变压器中性点的绝缘水平比较低，中性点一定要接地运行。当运行方式变动不能满足零序电流保护的灵敏度要求时，只好采用变更保护整定值的办法。

零序电流保护的电流继电器接于变压器中性点接地引线的电流互感器上，电流继电器动作后，经时间继电器动作于跳变压器两侧的断路器。

变压器零序电流保护的电流整定值应按与母线引出线路的零序电流保护后备段相配合进行计算，即

$$I_{zd} = K_P \, K_{FZ} \, I_{zd3} \tag{4-21}$$

式中　K_P——配合系数，一般取 1.1～1.2；

$\quad K_{FZ}$——分支系数，等于远后备范围故障时流过本变压器的零序电流与流过出线的零序电流之比值；

$\quad I_{zd3}$——出线零序电流保护Ⅲ段的动作电流。

灵敏度校验：出线末端接地短路时流过本变压器的零序电流与变压器零序保护动作电流之比值应大于 1.2。

保护动作时限比出线零序保护Ⅲ段的动作时限高一个时限阶段。

三、母线继电保护

变电站母线故障是变电站的最严重的故障，有时会造成全变电站停电，也会影响电力系统的稳定运行。

母线保护方式有两种：一是利用连接在母线上的线路和变压器的保护切除母线故障；二是装设专用的母线保护。前一种保护方式适用于不太重要的低电压网络。

母线专用保护是按照差动原理构成的。母线相当于电路中的一个节点，根据电路基本定律，流入一个节点的电流之和应等于零，如果连接在母线上的所有变压器和线路的电流互感器的变比都相同，它们的二次侧按差动方式连接，其差动回路中的电流应等于零，在差动回路中接一电流继电器，在正常运行和母线外故障时差动回路的电流继电器是不会动作的，当母线发生故障时，差动回路的电流等于短路点的电流除以电流互感器的变比，使差动回路的电流继电器动作，切除连接在母线上的所有断路器。由于电流互

感器存在一定的差异，非母线故障时差动回路存在一定的电流，所以在整定电流继电器的动作电流时，应躲过外部故障时的最大不平衡电流，还应躲过电流互感器二次回路一相断线时流过差动继电器的最大电流。在大电流接地系统中，母线保护采用三相式接线，在小电流接地系统中可采用两相式接线。

双母线保护应保证一母线故障只切除连接在该母线的变压器，线路和母联断路器，而非故障母线可以继续运行。双母线保护可以各母线装设一套母差保护，各母差回路除了连接该母线上的变压器和线路电流互感器的二次侧，还应连接母联断路器回路电流互感器的二次侧，构成完整的差动回路。这种双母线固定连接方式的完全电流差动保护接线简单，调试方便，但是运行灵活性差，也就是当变压器或线路改变所连接的母线后，母差保护不能正确动作。为了克服这个缺点，可以采用母联相位差动保护。所谓母联相位差动保护是先将双母线按单母线方式构成母差保护，即将所有连接在双母线的线路和变压器的电流互感器二次侧构成差动回路，然后根据母联断路器回路的电流方向判断故障发生在哪一母线上。当外部故障时，母差回路的电流继电器不会动作，当母线发生故障时，母差回路的电流继电器就会动作，如果母联断路器回路的电流是从甲母线流向乙母线，则故障发生在乙母线，那保护就跳连接在乙母线的所有断路器；如果母联断路器回路的电流是从乙母线流向甲母线，则故障发生在甲母线，那保护就跳连接在甲母线的所有断路器。判断母联断路器回路的电流方向就是判断电流的相位。设有一个继电器有两个线圈，一个线圈接差动回路电流，另一个线圈接母联断路器回路电流，在规定的极性下，从甲母线流向乙母线的电流相位与差动回路的电流相位相同，那么当从乙母线流向甲母线的电流相位与差动回路电流相位就相差 $180°$。据此可以判断故障发生在哪一母线上。

四、电动机的继电保护

电动机运行中最常见的故障有定子绕组相间短路，单相或两相接地，一相的匝间短路，一相断线以及转子鼠笼断条。最常见的非正常运行有过负荷、低频率、低电压。对付相间短路可以采用电流速断保护，有条件的电动机也可以采用纵差动保护。对付接地故障可以采用零序电流保护。高压电动机中性点一般都是绝缘的，单相接地电流是全网络的电容电流，通常数值比较小，危害不大，可不装设接地保护。只有当接地电容电流大于 5A 时，才需要装设接地保护。对付匝间短路可采用负序电流保护。对付不正常情况可采用过负荷保护、低压保护、低频保护等。

（一）电流速断保护

电动机可以采用熔断器作为短路保护，当熔断器不能断开短路电流时应采用电流速断保护。电流速断保护是电动机的主保护。小电流接地系统的电动机可以采用两相式的电流速断保护。电流继电器有瞬时动作的电流继电器和反时限电流继电器。所谓反时限电流继电器是其动作时间与电流成反比，当电流越大动作越快。有可能出现过负荷的电动机应采用反时限电流继电器。

电流速断保护的启动电流整定原则为：躲过电动机自启动可能出现的最大启动电

流；躲过电网发生短路时电动机向电网提供的冲击电流。前者起决定作用，也就是保护动作电流等于可靠系数乘上最大的启动电流。

灵敏度校验：电动机出口最小短路电流除于保护动作电流应大于2。

（二）纵差动保护

定子绕组有六个引出端的大型电动机应采用纵差动保护，以提高保护的灵敏度。电动机纵差动保护原理与线路纵差动保护一样。差动回路电流继电器的启动电流应躲过外部短路电动机提供的冲击电流在差动回路产生的最大不平衡电流，一般取1.5～2的电动机额定电流。

（三）单相接地保护

在小电流接地系统中高压电动机当容量小于2MW，接地电容电流大于10A时，或容量大于2MW，接地电容电流大于5A时，应装设单相接地保护，并瞬时动作于断路器跳闸。保护装置由一环形导磁体的零序电流互感器和一个电流继电器组成。保护的动作电流应躲过外部单相接地时流过零序电流互感器的零序电流，即被保护电动机接地的电容电流，也就是动作电流等于可靠系数（取4～5）乘以被保护电动机接地的电容电流。灵敏度校验：被保护电动机发生单相接地故障时，流过零序电流互感器的最小电容电流与保护动作电流之比值应大于2。

（四）过负荷保护

电动机是否过负荷与所驱动的机械设备有关，例如水泵，不容易产生过负荷，磨煤机、粉碎机等容易产生过负荷，不容易产生过负荷的电动机可以不装设过负荷保护，容易产生过负荷的电动机应装设过负荷保护。

电动机过负荷特性是电流增大，长时间的过电流会使电动机的绕组烧毁，允许通过的电流与允许过电流的时间有关，当电流越大，允许过电流时间越短。反时限过电流继电器具有电流越大动作时间越短的特性，因此反时限过电流继电器适合电动机的过负荷保护。

采用瞬时动作的电流继电器，电动机过负荷保护的电流整定值为

$$I_{zd} = K_k I_N / K_f \tag{4-22}$$

其中　I_{zd}——过电流动作电流整定值。

　　K_k——可靠系数，当保护动作于信号时，取1.05；当动作于跳闸时，取1.1～1.2。

　　K_f——电流继电器的返回系数，一般取0.8～0.9。

　　I_N——电动机额定电流。

保护动作时间应大于电动机自启动时间，一般取10～15s。

（五）负序电流保护

容量为2MW及以上的电动机，可装设负序电流保护作为不对称短路的后备保护和匝间短路的保护。负序电流保护由负序滤过器和电流继电器组成，动作于信号或跳闸。

（六）低电压保护

电动机装设的低电压保护不是反应其内部故障的，而是反应电网出现的低电压。电网出现低电压，一方面使电动机的效率降低，可能使产品报废，定子电流增大，严重时电动机止动，绕组损坏；另一方面可能破坏电力系统稳定运行。电网出现的低电压多数是由于供给不能满足需求引起的，也就是发电功率低于负荷功率，因为负荷的功率与电压有关，降低电压可以降低所需的功率，从而达到供需平衡。解决供需不平衡的办法之一是切除部分负荷，所以可在一些不重要的电动机中装设低电压保护。牺牲局部利益，求得全网安全运行。

低电压保护由低电压继电器和时间继电器组成。为了防止电压回路断线，可采用两个电压继电器的接点串接一起，再接通时间继电器。低电压继电器的启动电压一般为额定电压的 60%～70%。保护动作时间约 10s。

五、发电机继电保护

现代电力系统的发电机都是采用同步发电机。发电机可能出现的故障有定子相间短路，单相接地，绕组匝间故障，转子绕组一点接地和两点接地失去励磁。异常情况有过电流，过负荷。对付这些故障，可采用如下继电保护：

（1）纵差动保护。其工作原理与线路，变压器、电动机的纵差动保护一样，它是发电机的主保护。

（2）单相接地保护。大型发电机中性点一般不接地。可利用检测电压互感器的开口三角形侧的电压来确定是否发生单相接地，正常运行时，开口三角形侧的电压等于零，发生单相接地时，开口三角形侧的电压等于零序电压，接在该侧的电压继电器就会动作，发出信号。前面已经说过，小电流接地系统发生单相接地时，故障点的电流等于线路的电容电流，当发电机对地电容电流超过 5A 时，应装设零序电流保护。当 400V 的发电机中性点直接接地时，应装设零序电流保护。

（3）复合电压启动的过电流保护，作为外部故障和发电机内部相间短路的后备保护。

（4）负序过电流保护，作为相间短路的后备保护。

（5）过负荷保护。

（6）失磁保护，由自动灭磁开关的辅助触点联动跳发电机断路器。

（7）转子一点接地保护和两点接地保护。

第六节 自 动 装 置

供配电系统的自动装置有备用电源自动投入装置（AAT），自动重合闸装置（AAR），自动按频率（或电压）减负荷装置（AFL 或 AVL），自动同期装置，变压器自动调压装置，无功补偿电容自动调节装置等。这些自动装置对电力系统运行的可靠性和稳定性起着重要作用，是电力系统必不可少的装置。

一、备用电源自动投入装置

备用电源自动投入装置是用来当工作电源失电后，自动投入备用电源，保证对电力用户连续供电，从而提高供电的可靠性。备用电源自动投入分为备用线路自动投入，备用母线自动投入，备用变压器自动投入和无功补偿电容器自动投入。

电源备用方式分为两种：一种是正常运行时备用电源不带负荷，为明备用，当工作电源失电后，备用电源才投入运行；另一种是两个工作电源互相作为备用，这要求各工作电源容量有足够裕度。备用电源自动投入装置应具备如下功能：

(1) 当工作电源不论何种原因失电后，备用电源能自动，迅速地投入运行。

(2) 只有确定工作电源已断开之后，才能投入备用电源。避免可能出现的非同期合闸。

(3) 在备用电源投入后，若故障尚未消除，则保护应立即将备用电源断开。

(4) 备用电源自动投入装置应只动作一次。

备用电源自动投入装置的接线方式多种多样，但有两个基本部分：

(1) 电源监察部分。首先要检测工作电源是否失电，一般用低电压继电器进行检测，为了防止电压回路断线，应采用两个低电压继电器，接于不同相间上，当工作电源失电后，低电压继电器接点闭合，启动时间继电器，经整定时间切断工作电源的断路器。

(2) 备用电源自动投入部分。利用工作电源的断路器辅助接点，启动备用电源自动投入回路，经一定时限将备用电源的断路器投入运行。

无功补偿电容器自动投入和切除装置多数是根据电压大小来决策的。当母线电压低于某一数值时，自动装置将电容器投入运行；当母线电压高于某一数值时，自动装置将电容器切除。但都要经历一定时限，避免反复动作。

二、输电线路自动重合闸装置

输电线路80%的短路都是暂时性的，当线路两端的断路器切除后，故障点的电弧就熄灭，短路消失，如果线路两端的断路器再合上，就可以恢复正常供电，大大提高供电可靠性。110kV及其以上的输电线路广泛配备自动重合闸装置。自动重合闸方式有下列几种：

(1) 单相重合闸方式。当线路发生单相接地短路时，保护只切除故障相的断路器，非故障相可以继续运行，经一定时间，自动装置将故障相合上，如果故障是永久性的，那保护就将三相断路器断开，不再重合。若线路发生相间故障，则断开三相，不进行重合。

(2) 三相重合闸方式。线路发生任何故障，均断开三相，并进行一次三相重合闸。

(3) 综合重合闸方式。发生单相故障，实行单相重合闸。发生相间故障，实行三相重合闸。如果重合上永久性故障，则均断开三相，不再重合。

单相重合闸是有条件的。一是断路器必须可以分相操作；二是线路两端断路器单相断开后，故障点乃有短路电流，这个电流称为潜供电流，这个电流必须小于规定值，短路点的电弧才会自动熄灭，保证重合成功。不同电压等级允许的潜供电流是不一样的。潜供电流是容性的，可在断路器的线路侧装设并联电抗器以减少潜供电流。并联电抗器还兼有调压作用。

自动重合闸装置可以采用一次重合，也可以采用多次重合。一般采用一次重合。

自动重合闸装置有前加速保护自动重合闸装置和后加速保护自动重合闸装置。带时限保护的线路可采用后加速保护自动重合闸装置，即重合后，如果线路故障乃存在就采取无时限切除故障；单电源带时限保护的线路可采用前加速保护自动重合闸装置，即线路故障先无时限切除线路，然后用自动重合闸装置来补救继电保护的非选择性动作。

重合闸装置主要元件是重合闸继电器，它能保证完成一次重合。重合闸继电器的工作原理用 JCD-4 型重合闸继电器给予说明，见图 4-5。图中虚线框内的元件和接线为重合闸继电器，KT 为时间继电器，KM 为中间继电器，C 为电容器，R 为充电电阻。虚线框外的 KK 为控制转换开关，QF 触点为断路器的辅助接点。当线路断路器合闸后，其控制开关的触点 KK 是接通的，经充电电阻 R 向电容器 C 充电。若线路发生故障，断路器跳闸后，辅助接点 QF 接通，使自动合闸继电器的时间继电器 KT 线圈激磁，经规定时间，KT 的接点接通，电容器 C 经中间继电器 KM 线圈，时间继电器的接点 KT，断路器辅助接点 QF 放电，中间继电器 KM 线圈被激磁，中间继电器 KM 第一对接点接通，经自保持线圈，接通合闸继电器，使线路断路器重合，若故障已消失，重合成功。若故障仍存在，继电保护装置再将断路器断开。由于电容器 C 的充电时间需 15～25s，电容器 C 无法使中间继电器 KM 再激磁，不会发生第二次重合。如果有设置后加速保护，可利用 KM 的第二对接点实现后加速。

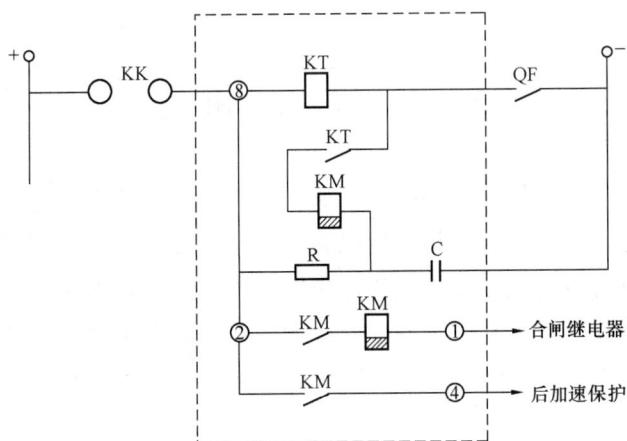

图 4-5　JCD-4 型自动重合闸继电器工作原理接线图

三、低压低频减负荷装置

当电力系统出现有功功率缺额时，例如大机组故障被切除，会造成频率大幅度下降，严重时会引起频率崩溃；当出现无功功率缺额时，会造成电压大幅度下降，有可能产生电压崩溃，出现这两种情况都会使系统瓦解，造成大面积停电。为了防止这种情况出现，最有效的方法之一就是切除部分负荷。装设低压低频减负荷装置是保证电力系统安全可靠运行的一项重要措施。现有专用的低压低频减负荷装置，其功能为：

（1）实时测量安装点的电压和电压变化率以及频率和频率变化率。

（2）按频率或频率变化率切负荷。动作频率和时间均可调。

（3）按电压或电压变化率切负荷。动作电压和时间均可调。

（4）具有防误动作功能，例如发生短路故障，电压回路断线等都能进行闭锁。

（5）能记录和打印动作过程的所有数据。

（6）具有人机对话功能。

四、变电站微机综合自动化系统

实现变电站综合自动化是变电站二次系统的发展方向。微机综合自动化系统是当今综合自动化发展的主要方向。

微机综合自动化系统的主要特征是：用微机芯片代替电磁式的二次设备，用软件代替传统的逻辑电路，并能存储、显示、打印，传送一次设备的运行状态、参数以及故障过程的各种数据。微机综合自动化系统分为有人值守和无人值守两种。有人值守的微机综合自动化系统是以工业控制计算机为核心，经实时通信网（CAN）的总线与各子系统相连，并按规定协议与子系统通信，能在显示屏上显示一次设备的工作状态，运行参数以及故障情况。每一个一次设备及其断路器的二次系统构成一个子系统，子系统主要元件为微机芯片，配备相应的软件，承担测量、控制、信号、继电保护的任务。无人值守的微机综合自动化系统取消工业控制机，由微机数据控制装置代替，通过光纤、微波、载波，无线电与上一级调度中心的控制装置相连。由上一级调度中心对变电站进行监控。

第七节 操 作 电 源

二次系统的工作电源称为操作电源。操作电源分为交流操作电源和直流操作电源两种。交流操作电源用于小型简易的变电站，多数由变电站的站用变压器供电或邻近变电站供电。大部分的变电站采用直流操作电源。直流操作电源分为独立电源和非独立电源。独立电源是不受外界影响的固定电源，例如，蓄电池组直流电源；非独立电源有复式整流和硅整流电容储能直流电源。直流操作电源的电压有 220、110、48、24V 等。

操作电源是二次系统重要组成部分，是变电站正常运行的基本保证，必须满足安全可靠要求，还需有足够的容量，在变电站发生事故停电时，满足最大冲击负荷和一小时事故照明灯用电需求，尽量满足经济实用，使用寿命长，维护工作少，占地面积小和低污染等要求。

现有下列几种直流操作电源：

一、蓄电池直流电源

蓄电池类型繁多，常用于变电站直流电源的有防酸式铅酸蓄电池，阀控式密封铅酸蓄电池，镉镍蓄电池和磷酸铁锂电池。防酸式铅酸蓄电池寿命短，维护工作量大，已逐步被阀控式密封铅酸蓄电池代替。镉镍蓄电池是碱性蓄电池，可快速充电使用寿命较长，是铅酸蓄电池的两倍多，但价格为铅酸蓄电池的 4～5 倍。磷酸铁锂电池的特点是：质量小、储能大、无污染、使用寿命长，蓄电能力是镍镉电池的 4 倍，但价格贵。

蓄电池的容量用"安·时"表示，即

$$Q = I\,t \tag{4-23}$$

式中　Q——蓄电池容量，A·h；

　　　I——放电电流，A；

　　　t——放电时间，h。

铅酸蓄电池规定以 10h 放电时间为标准放电时间。蓄电池的额定容量指的是充足电后放电 10h 至终止电压时所放出的电量。

直流电源是由若干个蓄电池串联而成的，蓄电池的个数由直流电压决定，例如，直流电源的电压为 220V，每个蓄电池的电压为 2.15V，那需要 102 个蓄电池。蓄电池组分为两部分，一部分是固定的，称为基本电池，另一部分是可调的。调节蓄电池个数就是调节直流电源的电压，以满足直流电压变化的需求。为此必须装设一个端电池调整器。

蓄电池直流系统的运行方式分为两种。一种是充电—放电运行方式，这种运行方式需配置两组蓄电池，投入运行的蓄电池组放电至额定容量的约 75% 时，改为已充好电的另一组蓄电池组供电；另一种是浮充电运行方式，这种运行方式是将蓄电池组与浮充电整流器并联运行，平时由整流器供给直流负荷用电，并以不大的电流向蓄电池组进行浮充电，以补蓄电池的自放电，蓄电池组用来供给短时冲击负荷（如断路器的合闸电流）和事故负荷。

直流系统一般由直流供电母线、充电整流器、可调蓄电池组、开关、熔断器、测量仪表、绝缘监察装置、直流电缆、直流负荷等组成。如果采用双直流母线供电，需要两套直流母线，2 台充电整流器，一套蓄电池组可以进行切换，可以投入Ⅰ母线运行，也可以投入Ⅱ母线运行。所有连接到母线的设备都需要经过熔断器和开关，熔断器作为短路保护用。

直流系统需要一套绝缘监察装置，以监视直流系统的正，负母线对地的绝缘状态。监察装置一般利用电桥原理构成。正、负母线各接一电阻值（如 1000Ω）相同的电阻相连，连接点对地接一高灵敏度的干簧继电器，这样就构成一个电桥，这两个电阻构成电桥的两个臂，而正，负母线对地电阻构成电桥的另外两个臂，正常情况下，正、负母线对地电阻相等，干簧继电器只有微小不平衡电流通过，继电器不会动作；当一母线对地绝缘下降到一定程度时，干簧继电器有较大电流通过，继电器动作，发出母线绝缘下降信号。

二、硅整流电容储能的直流电源

蓄电池直流系统的缺点是投资费用多，占地面积大，维护工作量大；优点是不受外界影响，当交流系统故障时还能连续供电。硅整流电容储能直流系统是用电容器代替蓄电池的一种直流系统，由于电容器储能有限，在交流系统失电的情况下，只能保证保护回路和跳闸回路的用电，但它投资费用少，占地面积少，维护工作量少，而且由于现代交流电力系统供电的可靠性很高，还可以采用双电源的供电方式，因此交流系统失电的几率非常低，采用硅整流电容储能的直流电源占有更大优势。

交流操作电源，为了保证安全可靠，一般需要两个电源供电。重要的变电站还可以设置不间断电源 UPS。

第五章

建 筑 照 明 系 统

第一节　照 明 系 统 概 述

照明是现代建筑中重要组成部分，为建筑物内外提供必需的光线，还可以对建筑物进行装饰，使建筑物更具有美感。电气照明设计是对光线进行设计和控制，使之符合建筑物和周围环境对光线的要求。为了更好地理解电气照明设计，必须掌握照明技术的一些基本概念。

一、常用的光学物理量

光是一种电磁波，它的波长在 380～780nm（纳米）之内，能给人不同颜色的视觉，称为可见光。波长大于 780nm 的红外线，无线电波和波长小于 380nm 的紫外线，X 射线都不能引起人眼的视觉反应，称为不可见光。人们通常说的光，都是指可见光。描述光量的多少有两种方式：一是以光的能量表达，通称为辐射量。二是以人眼的视觉效果表达，常称为光度量。在照明技术中都以光度量来描述光的强弱。

1. 光通量

光源在单位时间内向周围空间辐射出的能使人眼产生光感的能量称为光通量，单位为流明（lm），它是表征光源特性的光度量，常用字母 Φ 表示。

光通量是光源发光能力的一个基本量。例如：一只 220V 40W 的白炽灯的光通量为 350lm。一只 220V 36W 的荧光灯的光通量为 2500lm。

2. 发光强度

光源在空间某一方向上单位立体角内发射的光通量，称为光源在这方向上的发光强度，其单位为坎德拉（cd），通常用字母 I 表示，发光强度的表达式为

$$I = \mathrm{d}\Phi/\mathrm{d}\omega \tag{5-1}$$

式中　I——某一方向角度上的发光强度；

Φ——在某一立体角元内传播的光通量；

ω——给定方向的立体角元，sr

发光强度平均值等于立体角元的光通量 Φ 除于立体角元 ω。坎德拉（cd）等于流明（lm）除于（sr）。

以某一点为空间，相当于以该点为球心的球，球的表面积为 $4\pi R^2$，所以空间的立体角为 4π。

发光强度常用来说明光源和灯具发出的光通量在空间各方向或某方向上的分布密度。若以某一光源为原点，以各角度上的发光强度为长度的各点连成一曲面，称为该光源的光强曲面，也称配光曲面，配光曲面反应光源在各个方向的发光强度。例如，一个均匀的发光源，其各个方向的发光强度是一样，其配光曲面是一个球形面。

为了提高某一方向的发光强度，可以加灯罩或反光设备。

3. 照度

照度是用来表达工作面被光照射的程度，通常用单位面积上接受到的光通量表示，其单位为勒克斯（lx），即 lm/m^2，通常用字母 E 表示。平均照度计算公式为

$$E = \Phi/S \tag{5-2}$$

式中　Φ——被照面接受的光通；

　　　S——被照面的面积；

晴天阳光直照下的照度为 10 000lx，满月晴空月光下的照度为 0.2lx。要看清物体的真面目，需要 50lx。

国家对各种工作面的照度有具体要求，电气照明设计时要严格按照国家标准选择照明设备。

4. 亮度

亮度是一个单位表面在某一方向上的光强度。单位为尼特，等于坎德拉/平方米（cd/m^2），它与照度的区别是与被照物体材料的反光性能有关，照度是对被照物而言，亮度是对人的视觉而言。亮度（L）与照度（E）的关系式为

$$L = (\rho E) / \pi \tag{5-3}$$

其中 ρ 为被照物体的反射系数。例如水泥面的反射系数为 0.3～0.4。ρ 也可以是透射系数。

亮度和照度一样都可以作为建筑照明的规范标准。

5. 光源发光效率

电光源发出的光通量 Φ 与该电光源消耗的电功率 P 的比值，单位为 lm/W。

6. 灯具效率

灯具所反射的光通量与光源发射到灯具上光通量的比值称为灯具效率。

二、照明质量指标

光有颜色，物体有颜色是人的视觉特性的反应。人的视觉是受大脑支配的，对于同一种颜色，不同人可能有不同反应。现在所说的颜色是人类绝大多数人的认同的。不受其他因素影响。光的颜色有三个基本特性：色相、纯度、明度。色相是由光的波长决定的，例如，红色波长为 700nm，蓝色波长为 546.1nm，绿色波长为 435nm。纯度，是指色彩的纯净程度。单色光的纯度最高，当掺入其他色光，纯度就下降。明度，是指色彩的明亮的程度。它与光通量有关，光通量越大就越明亮。照明与光的特性有关，光的

技术参数就是照明的质量指标。

1. 光源的色温与显色性

光源的色温：光的颜色可以用光的波长表示，但是各种波长的光掺杂在一起，光的颜色无法再用波长表示，而是用色温表示。如果一个物体能够在任何温度下吸收全部任何波长的辐射，不发出辐射，那么这个物体称为绝对黑体。绝对黑体是不存在的，一般认为温度为绝对温度零度时的黑体为绝对黑体。当温度升高后，黑体不仅吸收光波，还会发出光波。不同温度发出的光波是不一样的。色温，是指光源发射光的颜色与黑体发出光的颜色相同时的黑体温度，也称该光源的色温，用绝对温标 K 表示。也就是将标准黑体（例如铁）加热，温度升高至某一程度时颜色开始由红→浅红→橙黄→白→蓝白→蓝。某光源的光色与黑体在某一温度下呈现的光色相同时，我们将黑体当时的绝对温度称为该光源的色温度。色温度在 3000K 以下时，光色就开始有偏红的现象，给人以一种温暖的感觉。色温度超过 5000K 时颜色则偏向蓝光，给人以一种清冷的感觉。色温在 3000K～5000K 之间，给人产生爽快感。照明设计就是要根据不同场合选择不同色温的光源，使人们获得最佳的舒适感。

光源的显色性：系指被光源照射物体显示颜色的性能，其显示的颜色越好，显色指标就越高，最高值为 100。通常用 R_a 表示显色性。被照物体的颜色在日光下显现的颜色最准确、最真实。不同光源作用下，其显色效果就不一样。

光源的色温与显示指标是不同的概念，没有必然关系。

2. 眩光

所谓眩光是一种使人的视觉产生不适感，甚至头晕的光线。一般是由于光线的亮度和分布不合适及照度不稳定产生的。眩光可分为直接眩光和反射眩光两种。直接眩光是由发光体发出的光线引起的，反射眩光是由发光体照射到被照物的反射光引起的。在电气照明设计中要避免眩光的出现。

3. 照度和照度的均匀性

照度和亮度分布是否合理，对人们的视力健康和工作效率有直接影响。照度均匀度系指工作面上的最低照度与平均照度的比值。照度和照度均匀度在国家《建筑照明设计标准》中对于不同工作面都有严格规定。例如，住宅建筑的照度一般不低于 100lx，照度均匀度不低于 0.7。

4. 照度的稳定性

照度的稳定性系指被照物上的照度随时间变化的程度。照度不稳定一般是由电源端电压不稳定或照明设备摆动或被照物转动或光源转动等原因引起的。

三、照明种类

我国将照明分为工业企业照明和民用建筑照明两种。所以有《工业企业照明设计标准》和《民用建筑照明设计标准》两种。前者适用于工厂生产车间，露天工作场所，辅助建筑和交通运输线路等；后者适用于住宅、办公室、商场、医院、旅社、饭店、图书馆、体育场馆、交通客运站等。在 2004 年合并为《建筑照明设计标准》，于 2013 年进行修订改版。

建筑照明也可以按照明设备安装位置不同分为建筑物内和建筑物外照明两种。

建筑照明也可以按建筑物的功能进行分类。这有道路照明、公园照明、景观照明、广场照明、溶洞照明、水景照明、广告照明、橱窗照明、装饰照明、警示照明、泛光照明和艺术照明等。

第二节 照 明 的 光 电 源

除了太阳光外，建筑照明的光都是由电能转换而来的。由电能转换为光能的设备称为电光源，也称为照明灯。按其工作原理电光源分为。

（1）热辐射发光光电源：它是利用电阻丝加热到白炽程度而产生热辐射发光的。电阻丝一般是钨丝。例如：白炽灯、卤钨灯（碘钨灯、溴钨灯）。这类灯的结构简单，不需要辅助设备。

（2）气体放电光电源：它是利用气体电离而产生放电发光的。例如，荧光灯、低压钠灯、高压钠灯、高压汞灯、高压氙灯以及金属卤化灯。这类灯的结构较复杂，多数需要辅助设备。

（3）场致发光：它是将电能直接转换为光能。这种光能是特定的固态材料在电场的作用下正负电子复合时释放出来的光能量。这有多种类型的发光面板和发光二极管。由发光二极管制成的照明灯简称 LED。这种特定固态材料是一种化合半导体。

常见的照明灯有：

1. 白炽灯

人类最早的电灯，价格便宜，光色好，显色性好，无频闪，但发光效率低，使用寿命短，大约 1000h，适用家居、商场、宾馆等照明。由于性价比低，除了一些特殊场合，已逐步停止使用。

2. 卤钨灯

与白炽灯的差别是灯管里充有卤元素或卤化物。卤元素有氟、氯、溴、碘等。灯管充有碘的称为碘钨灯，充有溴的称为溴钨灯。碘钨灯在温度升至 100℃时，碘与灯丝蒸发的钨合成为碘化钨，碘化钨极不稳定，当它接近灯丝最高温时，便立即分解为碘和钨，钨又回到灯丝上，使灯丝钨的损耗减慢，延长灯的寿命。与白炽灯比较，卤钨灯发光效率高了好几倍，光色更白一些，色调更冷一些，显色性更好，但不适宜调光，适用大面积照明和定向投影照明的场所。为了使在灯泡壁生成的卤化物处于气态，卤钨灯不适用低温场合。双端卤钨灯应水平安装，倾斜角度不得超过 4°，其周围不准放置易燃物品。要防止震动和撞击，也不适用移动照明。

3. 荧光灯

灯管内壁涂有荧光粉，管内抽真空，加入一定数量的汞、氩、氖、氖等气体。由钨丝组成的两端电极发射电子，使气体电离，电离子撞击荧光粉而发光，并非电离气体直接发光。荧光灯的附件有启辉器和镇流器。它的优点是发光效率高，使用寿命较长，大约 2000～10 000h，光谱接近日光，有日光灯美称，显色性好。缺点是功率因数低，受电压变化影响大，会频闪，低温不易启动，附件有噪声。采用高性能的电子镇流器可以克服上述一些缺点。荧光灯常用于图书馆、商店、教室、地铁、隧道、办公室等照明。

4. 低压钠灯

一般低压钠灯由内外玻璃管、电极和灯头等组成，内层玻璃管充有钠，有的还充有氖氩混合气体以便于启动，内壁涂有氧化物以提高发光效率，外层玻璃管抽真空。这类灯的光色呈橙黄色，显色性差，启动电压高，多数装有漏磁式变压器进行启动，从启动到稳定需要 8～10min，但发光效率高，每瓦可发出 150～200lm 的光通量，穿透云雾能力强，使用寿命长，常用于铁路、公路、广场等对显色性要求不高的大面积场所的照明。

5. 高压钠灯

与低压钠灯的差别是，高压钠灯玻璃管内充有高压钠蒸汽，使灯管的体积缩小，光色和显色性得到一定的改善，紫外线辐射少。这类灯的光色呈偏黄，显色性不太好，受电压变化影响大，不适合要求快速点亮的场所，发光效率高，每瓦可发出 100～150lm，穿透性能好使用寿命长，被广泛用于高大的厂房、体育馆、车站广场以及城市道路等场所的照明。

6. 高压汞灯

利用高压汞蒸气放电发光。光色为青蓝色，显色性差，发光效率低，不利于环保，已逐步被淘汰。

7. 金属卤化物灯

其原理和结构与高压汞灯是一样的。金属卤化物比汞难激发，所以金属卤化物灯也加入少量的汞，使之容易启燃。启燃后，金属卤化物放电辐射起主要作用。加入不同的金属卤化物就可以产生不同的光色。例如，白色的钠-铊-铟灯，日光色的镝灯，绿色的铊灯，蓝色的铟灯。这类灯体积小质量轻，发光效率较高，大约为每瓦 70lm，显色性较好，但熄灭后不容易再启燃，一般再启燃需 5～20min。广泛应用在室外照明，如广场、车站、码头等大面积照明场所。

8. 氙灯

利用高压氙气放电发光，简称 HID 灯。结构上分为长弧灯（管状）和短弧灯（球状）。有直流和交流两种。其功率为 1 万瓦至几万瓦，光色接近日光，有小太阳美称，工作温度高，需要冷却，有自然冷却，风冷却和水冷却三种。光效率为每瓦 20～50lm，使用寿命为 5000～10 000h。需用触发器启动。广泛用于广场、港口、机场、体育馆等。

9. 霓虹灯

利用充入玻璃管内的低压惰性气体，在高压电场下冷阴极辉光放电而发光。霓虹灯的光色是由充入惰性气体的光谱特性及玻璃管颜色决定。它需要专用升压变压器供电。霓虹灯能产生五颜六色的光线，犹如天空的彩虹，因此得到霓虹之美称，它广泛用于需要灯光装饰的场合。

10. LED 灯

利用二极管 P-N 结在正向电压作用下，N 区电子穿越 P-N 结向 P 区注入，与其空穴复合，而释放光能发光的。这类灯体积小、质量小、耗电省、寿命长、亮度高、响应快，有替代白炽灯、荧光灯的趋势。现常用于广告显示屏，数码显示器件上。由于价格贵，广泛推广受到一定限制，随着价格的下降，将会得到广泛的采用。

电光源型号的表示方式：一般电光源型号由五个部分表示。第一部分由三个以下的字母组成表示电光源的类型，例如：PZ-普通白炽灯、PZF-反射照明灯、ZS-装饰灯、SY-摄影、LJG-卤钨灯、YZ-直管荧光灯、YU-U 形荧光灯、YH-环形荧光灯、YZZ-自镇流荧光灯、ZW-紫外线灯、GGY-荧光高压汞灯、GYZ-自镇流荧光高压汞灯、ND-低压钠灯、NG-高压钠灯、XG-管型氙灯、XQ-球形氙灯、ZJD-金属卤化物灯、DDG-管型镝灯。第二部分用数字表示电光源的额定电压，绝大多数都是 220V，该部分可省略。第三部分用数字表示额定功率。第四部分用字母表示，第五部分用数字表示，这两部分用来表述该光电源的某些特性，例如，有的第四部分表述该灯的发光颜色，RR 表示日光色，RL 表示冷光色，RN 表示暖光色，这两部分也可省略。例如，灯泡的型号为YZ40RR，YZ 表示为直管荧光灯，40 表示额定功率为 40W，RR 表示该灯发光为日光色。

照明设备除了照明灯外，还有照明灯具。照明灯具是用来透光、分配和改变光源光分布的器具。包括固定和保护光源的零部件以及与电源连接所必需的附件。灯具的主要作用为：①控制光线分布：利用灯具反射罩、散光罩、透光棱镜、栅格等将光源发出的光线重新进行分配，以满足被照物体对光线分布的要求，提高光源效率；②保护光源和保障安全：使光源安装时具有足够的机械强度，免受外界的机械损伤和污染，将光源产生的热量散发掉，减小光源的热损坏，防止触电和短路，保证人身安全和保护人的眼睛；③美化环境：灯具具有装饰功能，使照明环境更加优美。

灯具按照光通量在空间分布情况分为直接型、半直接型、均匀慢射型、间接型和半间接型。按照灯具的结构分为开启型、闭合型、封闭型、密闭型、防隔爆型、防振型和防腐型。按照安装方式分为壁灯、吸顶灯、嵌入式灯、吊灯、地脚灯、台灯、落地灯、庭院灯、道路广场灯、移动式灯、自动应急灯、彩灯、投光灯、专业用灯。按安全等级分为 0、Ⅰ、Ⅱ、Ⅲ四类，0 级安全等级最低，已不生产。一般采用Ⅰ、Ⅱ级。只有恶劣环境才采用Ⅲ级，它的电压低于 50V。

灯具的选择除满足使用功能和照明质量的要求，同时要便于安装和维护，尽量降低运行费用。

照明灯除了需要灯具外，还需要控制设备，通俗称为开关。它的功能是用来接通或断开照明灯与电源的连接。开关有下列几种类型：最常用的有手控开关，照明灯接通时间和断开时间由人控制；定时开关，照明灯接通和断开是由时间或光线亮度等自动装置控制的，多数用于道路照明和特定场合；限时开关，手动瞬时接通，延时自动断开，多数用于需要短时照明的场所；声控开关，由声音控制，接受到声音后瞬时接通，延时断开，多用于过道，电梯照明；光控开关，由光线控制，天黑接通，天亮断开，用于道路照明；红外线开关，当人进入照明区时，瞬时接通，当人离开照明区时，延时断开。

有些场合还需要调光装置，功能是调节光的强弱、光色、光投射的方向等，它由传感器、时间管理器、调光模块、场景切换控制面板、手持式编程器、液体显示触摸屏、PC 监控机等部件组成。多数用于剧场、演唱会、娱乐场所、酒吧以及体育馆等。

第三节 照 明 计 算

照明计算是照明设计的主要内容之一，是正确进行照明设计的重要环节，是评价照明质量的依据。照明计算的目的是根据照明需要和其他条件，来决定光电源的容量和照明灯的数量，并据此确定照明灯具的布置方案；或者在照明光电源的容量，照明灯数量和布置方案确定的情况下，评价照明质量和效果。

照明计算常用方法有利用系数法、单位容量法和逐点计算法三种。

一、利用系数法

已知房屋的状况，照明灯的型号和数量，计算工作面的平均照度。这种方法适用于灯具均匀布置的一般照明。

(1) 平均照度的计算公式为

$$E_{av} = (\Phi NUK)/A \tag{5-4}$$

式中　　E_{av}——工作面的平均照度；

Φ——单盏照明灯的光通量；

N——照明灯数量；

U——光通量的利用系数；

K——照明灯的维护系数；

A——房间面积。

利用系数和维护系数如何确定是计算的要点。请看下面分析。

(2) 维护系数：它是反应光源光通量的衰减、灯具减光和房间表面陈旧所造成的光通量的损失，等于灯的流明衰减系数，灯具减光系数和房间表面光损失系数的乘积，与环境污染程度有关。例如，室内清洁房间的维护系数为 0.8；一般房间为 0.7；污染房间为 0.6。维护系数与照明灯类型、灯具、墙面光滑度、环境污染程度有关，已制成各种表格供设计者查阅。维护系数是与人为因素相关的系数。

(3) 利用系数：光源发射出来的光不可能全部照射在工作面上，有部分要被房间的顶棚、墙壁和地面所吸收。利用系数反应可用光的比例。可用光与顶棚、墙壁的反射系数有关。为此要先计算顶棚、墙壁的反射系数。利用系数是与客观因素相关的系数。

一个房间可划分为三个空间。设房间的长度为 l，宽度为 ω，高度为 h。从顶棚到灯具出光口的平面构成顶棚空间，设顶棚到灯具出光口平面之间的高度为 h_{cc}。从灯具出光口的平面至工作面（办公桌面或课桌面）之间构成室空间，设灯具出光口平面至工作面的高度为 h_{rc}。从工作面至地板构成地板空间，设工作面至地板的高度为 h_{fc}。那么 $h = h_{cc} + h_{rc} + h_{fc}$。

根据上述划定的空间，定义空间系数为：

室空间系数为

$$RCR = 5h_{rc}(l + \omega)/(l\omega) \tag{5-5}$$

顶棚空间系数为

$$CCR = 5h_{cc}(l + \omega)/(l\omega) = (h_{cc}/h_{rc})RCR \tag{5-6}$$

地板空间系数为

$$FCR = 5h_{fc}(l + \omega)/(l\omega) = (h_{fc}/h_{rc})RCR \tag{5-7}$$

空间系数反应空间的大小，影响利用系数的大小。一般室空间系数越大，利用系数越低。

下面讨论平均反射系数和有效反射系数。以顶棚空间为例。顶棚空间有五个面，四个墙面和一个顶棚平面，每个平面的反射系数可能不相同，它的平均反射系数为

$$\rho_{av} = \sum \rho_i A_i / \sum A_i \tag{5-8}$$

式中　　ρ_i——第 i 平面的反射系数；

A_i——第 i 平面的面积。

为了简化计算，将顶棚空间的光效果用一假想的平面代替，该平面就是灯具出光口平面。该平面的反射系数称为有（等）效空间反射系数。其计算公式为

$$\rho_c = \rho_{av}A_0/(A_s - \rho_{av}A_s + \rho_{av}A_0) \tag{5-9}$$

式中　　ρ_c——顶棚空间假想平面的有效空间反射系数；

ρ_{av}——顶棚空间平均反射系数；

A_0——灯具出光口平面的面积，等于顶棚平面的面积；

A_s——顶棚空间内所有表面积的总面积。

室空间的表面有四个，即四个墙面。面积等于 $2h_{rc}(l + \omega)$。它的平均反射系数 ρ_W 参照式（5-8）计算。该反射系数也称墙面反射系数。

地板空间的平均反射系数也可参照式（5-8）计算。它的假想平面就是工作平面，其有效空间反射系数参照式（5-9）计算。

利用系数与室空间系数，墙面反射系数，顶棚有效空间反射系数关系大，与其他空间系数和反射系数关系小，可忽略不计。因此，利用系数是室空间系数 RCR，墙面反射系数 ρ_W 和顶棚有效空间反射系数 ρ_c 的函数。这种函数关系很难用数学公式表示出来，只能通过实验，用图表格形式表示。照明设计手册有各种型号灯具的利用系数表格可查。

计算平均照度的步骤如下：

（1）按式（5-5）计算室空间系数 RCR。

（2）按式（5-8）计算墙面反射系数 ρ_W。

（3）先按式（5-8）计算顶棚空间平均反射系数，再按式（5-9）计算顶棚有效空间反射系数 ρ_c。

（4）根据选定的灯具和已求得的 RCR、ρ_w、ρ_c，从相关的图表格中查得利用系数 U。

（5）从灯具维护系数表格中查得维护系数 K。

（6）按式（5-4）计算平均照度。

如果已知平均照度，也可以利用式（5-4）计算照明灯数量。

二、单位容量法

为了避开繁琐的计算，可根据不同照明灯的型号，房间的高度与面积，不同的平均照度要求，应用利用系数法预先计算出单位面积所需的照明设备的功率，并制成表格，供设计时查用。设计时，根据已知条件在表格中查得单位面积所需的功率，再乘上房间的面积，就可以求得房间所需照明容量，这种方法称为单位容量法。

房间照明灯的总功率为

$$P_\Sigma = P_0 A \qquad (5\text{-}10)$$

式中　P_Σ——房间照明灯总功率；

P_0——单位容量，由表格查得；

A——房间面积。

由此可计算出照明灯数量为

$$N = P_\Sigma / P_L \qquad (5\text{-}11)$$

式中　P_L——单盏照明灯的功率。

三、逐点计算法

逐点计算法是逐一计算各照明灯对照度计算点的照度，然后进行叠加，求得总照度。

为了简化计算，一般认为照明灯是点光源，这会带来一定的误差，但当计算点离光源足够远，这误差是允许的。

照明工作面 H 上有一盏照明灯，设照明灯为一点光源 S，离工作面的垂直距离为 h，工作面上有一点 P，离 S 点的距离为 R，SP 与垂直线的夹角为 θ，点光源 S 在工作面上各个点的光强度是不一样的，当 $\theta=0$ 时，光强度最大，随着 θ 增加，光强度逐步减弱，当 $\theta=90°$ 时，光强度为零。

设 P 点的光强度为 I_θ。光源 S 照射在工作面 H 的照度与光强度 I_θ 成正比，与 $\cos\theta$ 成正比，与距离 R 的平方成反比。据此可得照度公式为

$$E_h = I_\theta \cos\theta / R^2 \qquad (5\text{-}12)$$

计算照度的关键是计算 I_θ，前人通过试验已将各种型号的照明设备的光强度 I_θ 制成表格，供后人使用，但是这些表格是在照明灯的光通量为 1000lm 制成的，从表格上查找到的光强度还要进行修正，即乘上光源点照明灯的光通量，再除于1000。

当有多盏相同型号的照明灯投向同一点时，该点的实际照度为

$$E_{\Sigma} = (K\varPhi \sum E_{\mathrm{h}})/1000 \qquad (5\text{-}13)$$

式中　K——维护系数；

　　　$\varPhi$——单盏照明灯的光通量，lm；

　$\sum E_{\mathrm{h}}$——各盏照明灯对计算点产生的照度之和。

第四节　建 筑 物 照 明 设 计

照明为人们提供光线，还为人们营造优雅、温馨、舒适的环境，使人们的生活更加灿烂，丰富多彩。建筑物照明系统设计是建筑电气设计的重要组成部分，是照明系统安装施工、运行维修的依据。照明系统包括照明设备及其布置，照明设备的控制和调节，照明布线系统，照明供电系统。建筑照明系统设计应根据建筑物业主对照明的需求和建筑照明有关规程进行。

建筑照明分为建筑物内照明和建筑物外照明。一般建筑物内照明有房间照明、大厅照明、走廊照明、过道照明、楼梯照明灯。特定建筑有图书馆、医院、仓库、体育馆、健身馆、车站、码头、博物馆、超市、展览馆、旅社、商店、礼堂、厂房等。这些建筑照明都有特殊要求，应专门设计。建筑物外照明有建筑物外墙装饰照明、道路照明、广场照明、体育场照明、景观照明等。

1. 一般建筑物内照明设计

（1）根据房间的功能、房间高度、面积、照度要求、照明均匀性要求、光色要求，选择照明设备型号和数量。

（2）确定照明设备和照明控制设备的布置方案。这包括照明设备的排列，采用光控或声控或手控。当采用手控时，应选定单控或双控。并确定控制设备的位置。

（3）进行照明计算，校验实际照度是否满足要求。如果未能满足要求，应修正照明设备的数量和布置方案。

（4）根据照明设备的容量，选定照明导线的型号和截面积，确定导线走向。

（5）确定照明电源（配电系统设计时，就应确定）。

（6）绘制照明安装图。制定设备和材料清单。

2. 照明系统设计时的几个问题

（1）照明设备的选择：一般应尽量选择高效能的照明灯。住宅、办公室可选低功率的紧凑型、环型、直管型荧光灯或 LED 灯。室外可选大功率的金属卤化物灯，大广场可选氙灯。广告、装饰场所可选霓虹灯或 LED 灯等。选择照明灯除了考虑光通量外，还应考虑光色，用于阅读，书写的地方应选白光；气氛热烈的地方除了白光，应配上红光；温馨的地方应选蓝光；幽静的地方应选绿光；会客闲聊的地方应选黄光。

（2）照明灯的布置：住宅房间一般装一盏灯，可采用嵌入式吸顶灯，多数布置房间正中。大厅、客厅、餐厅，如果房间高度足够，可采用吊灯，布置在正中。灯的最下端离地面不得低于 2.4m。大教室、会议室等采用多盏照明灯时，若采用圆形灯，可采用点式均匀布置，若采用管形灯，可采用线式均匀布置。为了保证照度的均匀性，两盏灯之间的距离与灯至工作面的垂直高度之比值不得高于有关规定。为了造型美观，可将天棚和照明灯组合布置，将照明灯装在天棚透明玻璃内，组成正方形或矩形或圆形或口字形等各种形态的天棚。

（3）照明导线的选择原则请参考本书第三章。导线选择和布置应考虑使用的安全。导线截面要留有余地，火线与中线要分别装在各自套管内。控制开关要装在火线上。

（4）推广绿色照明。所谓绿色照明就是使用高效能的光源，高效灯具和现代化控制设备；节省照明电能，预防光污染，禁止使用造成污染的照明产品。例如，选用节能灯，采用声控开关和限时开关，不使用含有重金属（如汞）的照明灯。

第六章

建 筑 消 防 系 统

第一节 建筑消防系统概述

火灾是人类重大灾害之一，造成的伤亡和财产损失是巨大的。火灾是可以预防的，可以扑灭的，可以把损失降低到最小的程度。所谓消防就是预防和消灭火灾。在设计建筑物时，就应做好消防工作，预防火灾发生，把火灾限制在最小的范围内。在建筑物内配置一套完整的消防系统是建筑设计的一项重要的任务。由于建筑物内的火灾大多数与电气设备选择、安装施工、运行使用有关，因此将消防系统设计归为电气设计。消防是一个系统工程，要多个专业配合，包括建筑结构、材料、给排水、暖通等。

要做好火灾预防工作，要先分析发生火灾的原因，才能有的放矢。火灾主要由三个因素决定的，一是火源，二是可燃物，三是氧气。火灾的形成和发展还与周围环境的温度、湿度、气流等因素有关。火源是根本，消防工作的重点就是控制火源。火灾的原因很多，如小孩玩火、放鞭炮；大人抽烟、烧纸钱等。这里主要分析与电气有关的原因，造成电气火灾的原因是用电设备及其回路过热和电气设备操作使用不当引起的。产生电气设备及其回路过热是由于过电流或过电阻引起的。产生过电流的原因有，一是过电压，如雷击，二是短路，三是过负荷，四是谐波电流。所谓过电阻是电器设备连接处接触不良，引起电阻增大。电阻增大会引起局部发热增大。电气设备操作使用不当有误操作，例如用隔离开关切断负荷；电焊火花四溅；电暖、电烘干、电热水等设备未能按时切断电源。还有电气设备中的变压器、断路器、一些电压互感器和电流互感器常采用绝缘油作为绝缘和冷却介质，如果发生漏油或维护过程操作不当也有可能引起火灾。电气火灾还有一个重要的原因是散热不良，例如变压器、电动机、照明设备等常因散热不好而引起火灾。有些火灾的原因是明确的，可以采取预防措施，对于火灾原因不明确的，随机可能发生的火灾，应采取灭火措施。目前，自动灭火还无法完全实现，一旦发生火灾，还是要请专职消防部门进行灭火。

消防工作一方面是预防，另一方面是设置一套消防设备，一旦发生火灾能进行灭火。消防设备是根据灭火原理制成的，目前灭火原理有：一是降温法，也称冷却法，将燃烧物的温度降至可燃点以下，火就可以熄灭；二是隔离法，将燃烧物与空气隔离，燃烧物缺乏氧气，火就会熄灭。消防系统包括火灾自动（或手动）探测报警装置、火灾自动灭火和手动灭火装置、消防电梯、消防水泵及管道消防栓、防排烟设施、防火卷帘门、疏散标志及通道、消防车通道、火灾应急照明，消防控制室、消防电源等。

　　火灾自动探测报警装置由火灾探测器、报警器、电源及其线路组成。火灾探测器又称探头，探头的种类繁多，通常有感烟式、感温式、光电式、感光式、可燃气体式和复合式等，它们都是把烟雾浓度、气体温度、光亮度、可燃气体含量等物理量转换为电信号。报警器将电信号转换为光、声音和数字，告知相关人员，还可以联动灭火装置，现代更多的是采用智能报警器，它能根据多个探头采集到的信息进行综合分析比较，做出决策，避免误判和漏判。探头按灵敏度分三级，一级为绿色，用于禁烟场所；二级为黄色，用于一般场所；三级为红色，用于抽烟场所。探头的个数由探头保护面积决定，即保护面积除以单个探头保护面积，再考虑安全系数。

　　灭火装置分为湿式灭火和干式灭火装置。湿式灭火介质是液体，最常用的是水，它的工作原理就是降温法。以水为介质的湿式灭火装置包括消防水泵、高压水箱、低压水箱（池）、水管网、管道接合器、消防栓、喷水头、控制阀等。自动灭火装置是将喷水头装在建筑物内的某些地方，当发生火灾时，由火灾探测器发出信号，送至消防控制室的控制装置进行分析判断，再由控制器发出信号，启动消防水泵，开启喷头的控制阀，进行灭火。手动灭火是由人工控制喷头进行灭火。干式灭火的介质有泡沫、干粉、卤代烷、二氧化碳等。它的工作原理是隔离法。泡沫灭火系统是由泡沫液罐、泡沫消防泵、比例混合器、泡沫混合液管道及储罐上设置的固定空气泡沫产生器等组成。它的自动与手动工作过程类似于湿式灭火装置。湿式灭火装置应用最广，是一种最基本的灭火方式，但不适用于图书库、档案室、精密仪器室、水泥仓库、油库、可燃气体、电气设备、化学制品等场所。这些场所可用干式灭火装置。

　　消防疏散指示和通道是发生火灾的逃跑路线，是人的生命线。防排烟通道，也是阻塞、引导烟雾的走向，避免造成窒息。消防车通道，是移动灭火装置的通道。防火卷帘门是把火灾限制在某一范围。这些都是消防必不可少的措施，建筑设计的一个重要内容。

　　消防控制室可以设在变配电值班室内，若实现楼宇自动化的建筑物，它是楼宇自动化调度室的一部分。消防控制装置应能对建筑物内的消防设施实行监控，能监视建筑物内的火情，能分析火情，并能做出决策，与上一级消防部门相连。

第二节　电　气　防　火

一、变配电所防火问题

建筑电气设计首先要考虑变配电所设计问题。

变配电所集中大量的电气设备，其中有些设备装有易燃油，预防发生火灾是变配电所电气设计的一项重要内容。设计时防止火灾发生有如下几个方面：

（1）变配电所选址。有条件的地方变配电所应与建筑物分离，独立建造。无法独立建造时，应选在建筑物的一、二层，尽量不要建在地下室或高层。变压器室的耐火等级为一级，高压配电室的耐火等级不低于二级，低压配电室的耐火等级不低于三级。

（2）选用变压器、断路器、电压互感器、电流互感器尽量选用无油的。

（3）采用油浸变压器时，应设置贮油坑和事故油池，事故油池的油能排至安全处。油浸变压器与其他设备之间需设置防火墙。35kV以上的断路器、电压互感器、电流互感器等之间应用耐火或防爆隔墙（板）隔开。

（4）变配电室应设置消防设施。一类建筑物的变配电室应设置火灾自动报警装置和固定式灭火装置；二类建筑物的变配电室应设置火灾自动报警装置和手提式或推车式灭火装置。

（5）变配电室应设防火门，并应向外开启。还应设置通风装置，通风能力应与变配电室大小相一致，并应防止小动物入侵。

二、电气设计时应采取的措施

电气防火的措施很多，下面侧重讨论电气设计时应采取的措施。

（1）制定电气防火安全规程。设计、安装施工、运行管理部门和使用者应严格遵守执行安全规定，这是防火的最基本措施。

（2）电气设计时，应尽量准确地预测用电负荷，如果预测负荷偏小，可能使选择的导线截面积偏小，当实际负荷大于预测负荷，可能使导线过热，引发火灾。

（3）选择合格、优质的电气产品和材料。选择电气产品除了满足功能要求外，还要满足安全的要求，也就是满足绝缘要求，绝缘的使用寿命应大于电气设备的使用寿命。选用导线时应尽量铜导线，避免使用铝导线。选用电缆时，应选用阻燃电缆和耐火电缆。电气火灾大多数是绝缘老化引起的，选用电气设备应将绝缘问题排在重要位置上。

（4）合理布置电气设备、电缆和导线。电气设备、电缆和导线的排列除了满足安全距离要求外，还应考虑散热问题。特别室内低压导线的火线和中线不宜放在同一套管内。

（5）完善继电保护体系。上一级的保护应能作为下一级的后备保护。设置电力保护装置是防止电气火灾的最重要措施之一，低压系统应设置过电流保护、过负荷保护和泄漏电流保护。过电流保护是对付短路引起火灾最有效的措施；过负荷保护是对付过负荷引起火灾最有效的措施，泄漏电流保护是保护人身安全最有效的措施。

（6）设置电气火灾报警装置。它能及时发现电气火灾的隐患，并作出预告。现在采用电气火灾报警装置是剩余电流电气火灾监控系统。它的基本原理是检测剩余电流来发现配电系统的异常泄漏电流，从而发现可能存在的电气火灾隐患。这个系统只能防范电气设备和线路因绝缘损坏形成接地故障引起的电气火灾。

三、剩余电流与泄漏电流的区别

剩余电流是在电路中特定点上的电流代数值总和。例如，单相电路某一截面，有一导线的电流是流入，另一导线的电流是流出，在正常的情况下，电流的总和等于零，也就是说在该节点上的剩余电流等于零；如果流入电流与流出电流不相等，那么在该节点上的电流代数和不等于零，这个电流就是剩余电流。

泄漏电流是由于绝缘不良而在不应通电的路径中流过的电流。单相电路或三相电路导线之间的绝缘再好，也会有泄漏电流，称为自然泄漏电流，只是很小，在实用计算中都忽略不计，绝缘损坏产生的泄漏电流称为异常泄漏电流或故障泄漏电流，这种电流会对人产生危害，也会引起火灾。

剩余电流与泄漏电流是有不同的概念。有泄漏电流，不一定有剩余电流，有剩余电流，不一定有泄漏电流。但是它们关系密切，利用测量剩余电流，可以发现异常泄漏电流。所以，剩余电流电气火灾监控系统与泄漏电流保护装置的基本原理是一样的。剩余电流电气火灾监控系统是由多个泄漏电流保护器组成，并能进行综合、分析、判断、决策的智能装置。它具有检测功能，也具有保护的功能。但是剩余电流电气火灾监控系统在实际应用还存在一些问题，例如定值的设定，决策的算法等还缺乏理论根据。

第三节　建　筑　物　防　火

建筑防火措施要增加建筑的投资，不同的建筑物所采取的防火措施是不同的，才不会造成浪费。

我国按重要性将建筑物分为五等：

（1）特等：具有重大纪念性、历史性、国际性和国家级的建筑；

（2）甲等：高级居住建筑和公共建筑；

（3）乙等：中级居住建筑和公共建筑；

（4）丙等：一般居住建筑和公共建筑。

（5）丁等：临时建筑。

按防火性能分四级，称耐火等级。耐火等级标准是依据房屋主要构件的燃烧性能和耐火极限确定的。一级为最高级。越重要的建筑物的耐火等级越高，所用的建筑材料耐火性能越好，其投资费用越大。

建筑物设计阶段可采取的预防措施有：采用阻燃或难燃材料；采用防火涂料；设置防火分区和防烟分区；各分区之间的管道孔洞进行封堵；划分建筑物的耐火等级；设置消防电梯和人员疏散通道；设置消防标示、应急照明系统和火灾广播系统。

阻燃材料：建筑行业大量使用塑料、橡胶、纤维等制成的材料，这些都是可燃、易燃物。一旦发生火灾，这些材料起着推波助澜的作用。为此，要求这些材料加入阻燃剂，阻燃剂起着抑制燃烧的作用。现有阻燃聚苯乙烯塑料、阻燃聚乙烯塑料、阻燃橡胶等。设计时要求尽量选用加有阻燃剂的管材、板材等。

防火涂料：要求建筑中所用的涂料采用防火涂料。防火涂料也称阻燃涂料。阻燃涂料除了装饰和保护作用外，还有两个特性，一是涂料本身具有不燃性或难燃性，二是阻止抑制燃烧的扩展。防火涂料被涂成膜后，在常温下是一层装饰保护层，在火焰和高温作用下，涂层发生膨胀碳化，形成比原来厚度大几十倍至几百倍的不燃碳层，切断外界火源对基材的加热起到阻燃作用。

防火分区划分：为了防止火灾的扩大，要求对建筑物进行分区，防火分区分为水平防火分区和垂直防火分区。水平防火分区是同一楼层的分区。垂直防火分区是上下楼层的分区。水平防火分区，各区之间应设置防火墙、防火门、防火卷帘、防火水幕帘。垂直防火分区要求采用1.5h或1.0h的耐火极限的楼板和窗间墙将上下层隔开。上下层之间的窗之间的距离不得小于1.2m。当上下层设有开口通道时，应将这部分看作为一个整体，设定为一个防火分区，并用防火卷帘门或防火门与其他防火分区隔开。例如楼梯通道，可以作为一个防火分区，每层楼梯与走廊连接部分应用防火门隔开。电梯通道也可以作为一个防火分区。防火卷帘门应可以自动、远动或就地控制。

防烟分区：防烟分区是防火分区的细化，一个防火分区可以再分为几个防烟分区，主要作用是防止烟气的流动和扩散。防烟分区之间可以用防火门、隔墙、挡烟垂壁等隔开。有些地方还可以设置垂直排烟管道进行排烟。这需要与暖通、空调系统一起考虑。

建筑物耐火等级：划分建筑物耐火等级是建筑设计防火措施中最基本的措施。它要求建筑物在火灾高温持续作用下，墙、柱、梁、楼板、屋盖和吊顶等基本建筑构件能在一定的时间内不被破坏，能起阻止和延缓火灾蔓延的作用，防止建筑物完全或局部倒塌，并为人员疏散、抢救物资和扑灭火灾以及火灾后建筑物修复创造条件。

设置人员疏散通道：建筑物内有多个楼梯，每个楼梯之间应有通道，当发生火灾时，一个楼梯受阻时，可以通过另一个楼梯逃生。不一定每层楼梯之间设通道，可两、三层设一个通道。疏散通道应有明显的标示。

设置防火电梯：防火电梯一方面是人员疏散通道之一，另一方面是消防人员进行灭火的通道。高层建筑一定要设置专用的消防电梯。

建筑物内一定要配备扑灭火灾的设施：这些设施有消防储水池或储水罐、消防水泵、消防输水管道、消防栓、消防软管、消防喷头、消防控制阀等。重要建筑物还应配备自动灭火装置。消防水泵至少要有2台，1台工作，1台备用。如果有3台，其中2台工作，1台备用。

设置消防专用电源：专供消防设备之用。为消防水泵、防火卷帘门、防火排烟设备、消防电梯、防火报警装置和监控装置、自动灭火装置和应急照明等提供电力。

设置应急照明电源：可以是交流电，也可以是直流电，供火灾时楼梯、走道照明用。

设置广播系统：及时通告火灾情况和疏散路径。

建筑物周围应设专用消防车通道，为移动灭火装置提供必需的通道。

设置防火监控中心。值班人员通过消防监控装置能了解建筑物内消防设备的工作状态，并对消防设备进行控制。能及时发播建筑物内的消防信息，并能及时向上一级消防单位报告。

第七章

防 雷 与 接 地

第一节 雷 电 基 本 知 识

雷电是一种自然现象，常常给人类生命财产造成巨大损失，对建筑物和建筑物内的设备也会造成严重破坏。为了减少雷电造成的破坏，在建筑电气设计时采用防雷技术是至关重要的。雷击形式有直击雷、感应雷，还有雷电波入侵，高电位反击和球形雷击等。

一、直击雷

天空中的云层是由雾状水滴形成的，是不带电的。但在大气的光、热、风、电磁场作用下，使得局部云层带上正电荷或负电荷，便形成所谓的雷云。据雷电研究者观察和分析，雷云的电荷分布分为三个区：最上部的正电荷区，中间的负电荷区和最下部的正电荷区。一般中间负电荷区的电量最多，对大气空间产生的电场起决定性作用，上部正电荷区的电量次之，下部正电荷区的电量最少。随着雷云迅速聚集和扩大，空间的电场强度快速上升，当局部区域的电场强度到达每厘米一万伏及其以上时，带正负电荷雷云之间的空气介质会被击穿，正电荷冲向负电荷，负电荷冲向正电荷，正负电荷迅速中和，正负电荷中和时释放大量能量，这能量以光能和热能形式出现，由于正负电荷中和过程是在几十微秒至几百微秒内一个很狭长的通道中完成，这光能以闪光的形式出现，这就是人们看到的闪电，其热能将周围的空气加热，空气快速膨胀，产生巨大的声音，这就是人们听到的雷声。人们将天空云层发生的雷电称为云雷或天雷。

带有负电荷的云层向地面上的建筑移动时，在静电感应作用下，靠近带电云层的建筑物和地面就会带上正电荷。当云层与建筑物，地面之间的电场强度达到使其之间的空气层击穿时，云层的负电荷冲向地面，形成向下先导，地面的正电荷冲向云层形成向上先导。在正负电荷中和过程，同样会产生闪电和巨响，这种雷击称为地雷，它与军事上的地雷是同名不同性。向下先导和向上先导的会合点与建筑物的距离，称为闪击距离。雷电流幅值越大，闪击距离越大。

由负电荷雷云对地面形成的放电，称为负闪击或负极性雷击；相反，由正电荷雷云对地面形成的放电，称为正闪击或正极性雷击。根据观测记录，90％的闪击是负极性的。正极性雷击的放电电流比较大，最大幅值可达数百千安。

云层之间的雷击，云层与大地之间的雷击都称为直击雷。其雷电流都很大，造成的破坏作用也很大，致使人畜伤亡、房屋倒塌、设备损坏、森林大火等。

为了防避直击雷的危害，目前能采用的防雷方法有：一是消雷，即在有限的空间内使雷云所带的电荷中和，例如，火箭消雷、激光消雷、人工干扰消雷等。二是避雷，通过人工接闪器进行放电，将雷电流导入大地，避免对建筑物的损坏。例如，避雷针、避雷线、避雷带、避雷网等。

二、感应雷

感应雷分为静电感应和电磁感应，它们是伴随直击雷而产生的。

1. 静电感应

当带正电荷或负电荷的云层接近地面建筑物或其他物体时，都能使其表面感应而带上异性电荷，这就是静电感应现象。这种感应现象在什么情况下会产生雷电？例如：在架空输电线的上方有一块带负电荷的雷云，此时架空输电线上就会感应而聚集大量的正电荷。这些正电荷受雷云的负电荷束缚，不能向别处移动。当雷云的负电荷与架空线以外的建筑物或地面发生雷击时，架空线上的雷云的负电荷就迅速被中和，架空线被束缚的正电荷便得到释放，沿着架空线的两端运动形成过电压冲击波，这种冲击波会使与导线相连接的用电设备遭到破坏。

2. 电磁感应

在雷击时，雷电流由零迅速上升而后又下降，这变化的电流便在周围产生变化的磁场，变化的磁场就会在输电线、信号线、金属导管上感应脉冲电压，当构成回路时，便产生脉冲电流，从而使回路中的电气设备受损。

感应雷与直击雷有不同的特点，没有闪光和雷声；脉冲电压和电流相对较小，脉冲电压峰值一般为数千伏至上万伏，脉冲电流峰值一般为数千安至数十千安，放电时间较长，电气设备受损的概率较高。

目前对付感应雷的办法有：安装电涌保护器 SPD（Surge Protective Device），其功能是限幅、分流，把感应电压幅值限制到安全值以下，并将感应电流泄放入地；进行电磁屏蔽，即把要保护的用电设备用金属网屏蔽起来，阻止感应雷入侵。

三、雷电波侵入

当雷电击中户外架空线路，地下电缆或金属管道时，雷电波就会沿着这些管线入侵室内，使与其相连的用电设备遭到破坏，并使与用电设备相接触的人身遭受伤害，这称为雷电波入侵。除了直击雷外，感应雷也会出现雷电波入侵的情况。

防止雷电波入侵的方法有：在输电线、信号线入户处安装避雷器，电涌保护器；将电缆穿金属管道埋地引入，并将金属管道可靠接地。

四、高电位反击

在装有防雷装置的场所，都有专用的接地点，各接地点都有一定数值的接地电阻，当通过防雷装置的雷电流泄放入地时，接地点将产生瞬时高电位，这高电位对用电设备或金属物体产生反击，导致相关的设备受损，并与其相接触的人身遭受伤害。

防止高电位反击方法有：尽量减少接地点的接地电阻；电气设备、金属物体与防雷装置的接地点保持足够的距离；建筑物应采用以基础钢筋为接地体的公用接地系统，并将室内电气设备金属外壳、支架、管道、电缆桥架等与共同接地系统进行等电位连接。

五、球形雷击

球形雷是伴随大气中雷电现象产生的一种球形闪电，简称球闪。其外形像一团发光的火球，飘忽不定，遇到障碍物就会发生爆炸，对人身和设备造成伤害。

根据对直击雷放电电流的观察记录和分析可知，雷击时间一般为几毫秒至几百毫秒，雷电流为几千安至几百千安。雷电流的波形大致可以分为两种，一种是短时雷击，也有将短时雷击分为首次短时雷击和后续短时雷击，其雷击波形基本一致，只是前者的电流峰值较高，后者的雷击时间较长，另一种是长时间雷击。所谓短时间雷击是雷电流从零急速上升到峰值，然后缓慢下降到零。所谓长时间雷击是雷电流从零跳跃到峰值，平稳一段时间，最后跳跃到零。

短时雷击波的波形如图7-1所示，其特性通常用三个参数描述：峰值电流 I，波头时间 T_1，半值时间 T_2。图7-1中在纵轴上经 $0.1I$、$0.9I$、$1.0I$ 三点分别作平行于时间轴的直线相交于 A、B、M 三点。连接 A、B 两点作直线，与时间轴相交于 E 点，与峰值切线相交于 F 点，EF 线称为规定波头，EF 线在时间轴对应的时间称为波头时间 T_1，波头时间也称波前时间或上升时间。雷电流下降至 $0.5I$ 时的对应点为 G。E、G 两点在时间轴上对应时间称为半值时间 T_2。半值时间反映雷击电流下降速度，也反映雷能量的大小。相同的峰值电流，半值时间 T_2 越大，则雷电所含的能量越大。

长时间雷击波的波形如图7-2所示，其特性用长时间雷击电量 Q_{long}，雷击时间 T_{long} 描述。长时间雷击电流的平均电流大约等于 Q_{long}/T_{long}。

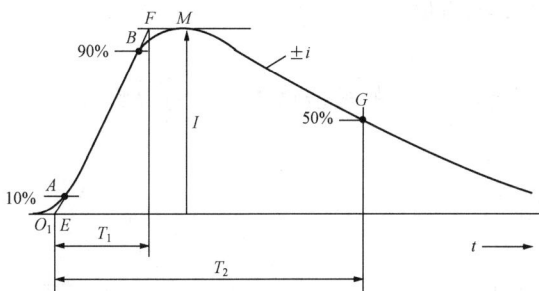

图7-1 短时雷击波形
I—峰值电流（幅值）；T_1—波头时间；T_2—半值时间

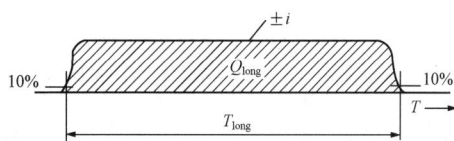

图7-2 长时间雷击波形
T_{long}—波头及波尾幅值为峰值10%两点之间的时间间隔；Q_{long}—长时间雷击的电荷量

雷击波形参数是防雷设计的依据。建筑电气防雷设计要向当地有关部门搜集当地雷击情况和雷击波参数。如果缺乏相关资料时，可以以标准 IEC1312—1 提供的数据为设计依据。

下面就雷击电流电压和能量进行分析。

1. 雷云与地面直接雷击时电流的计算

假设一负极性雷云向下先导与地面避雷针的向上先导在某一点会合，该点称为雷击点。为了计算雷击电流，必须将这雷击过程用一等值电路模型描述。假设雷云电荷线密度为 σ（库伦/m），放电时的波速为 v（m/s），一般为 $0.1 \sim 0.5$ 倍光速，则雷电流为 σv。放电通道具有分布参数特性，其波阻抗为 Z_0，一般取 $300 \sim 400\Omega$，则先导通道两端的电压为 $\sigma v Z_0$。当雷击发生时，被击物体用一集中阻抗参数 Z_j 表示，此时被击物体流过的电流 i 为

$$i = (\sigma v Z_0)/(Z_0 + Z_j) \tag{7-1}$$

2. 感应电压计算

前面提到的感应雷的问题，现在讨论雷击电流从避雷针流过时，在其周围金属体产生感应电压如何计算问题。

根据电磁感应定律，避雷针周围金属体产生的电动势为

$$e = M(\mathrm{d}i/\mathrm{d}t) \tag{7-2}$$

式中　e——感应电动势，V；

　　　i——避雷针流过的电流，A；

　　M——避雷针与金属体之间的互感系数，亨；

　$\mathrm{d}i/\mathrm{d}t$——电流的变化率。

设金属体是一正方形的金属框，并与避雷针垂直，其边长为 L（m），避雷针与金属框的边框之间的距离为 d（m），介质磁导率为 μ_0，（真空磁导率为 $4\pi \times 10^{-7}$ 亨/m，其他介质应再乘上相对磁导率）根据电磁场理论可得互感系数为

$$M = \mu_0(L + d)L/(2\pi d) \tag{7-3}$$

若金属框面与避雷针成 α 度角，那么式（7-3）右边应乘上 $\cos\alpha$。

$\mathrm{d}i/\mathrm{d}t$ 在近似计算中可以用峰值电流除于波头时间代替。

3. 雷击能量的计算

雷击电流 i（单位为安）通过电阻为 R（单位为 Ω）的被击物体产生的功率（单位为 W）为

$$P = i^2 R \tag{7-4}$$

一次闪击所产生的能量（单位为 J）为

$$W = \int P\mathrm{d}t \tag{7-5}$$

积分的时间上限 T 为雷击持续时间。

单位能量：雷击时单位电阻所产生的能量。即

$$W/R = \int i^2 \mathrm{d}t \tag{7-6}$$

用单位能量来比较和评价不同雷电波的能量大小更有实际意义。应用式（7-6）计算单位能量有一定的困难。国际电工委员会推荐下面近似公式计算。

$$W/R = (5/7)I^2 T_2 \tag{7-7}$$

式中 I——峰值电流；

T_2——半值时间。

一次雷击虽然时间很短，但产生能量很大，而且大部分转换为被击物体产生的热量，从而容易发生火灾，例如森林火灾。

现代防雷体系一般分为三个区域，一是高空防雷区，离地面 $2\sim14km$ 的大气空间为高空区，这一空间的雷击主要对飞机、飞行器、航天器、火箭等造成危害。防雷措施主要采用消雷方法。二是低空防雷区，地面至离地面 $2km$ 之间的大气空间为低空区，这一空间有直接雷击，还有雷电感应过电压，对人类和各种动物以及财产造成直接危害。防雷措施有避雷针、避雷线、避雷带、避雷网、避雷器、电涌保护器等。三是地下防雷区，系指地面以下的防雷区域，例如地下隧道、地铁、地下矿井、地下电缆、地下光纤等。这一区域的防雷措施有避雷线（与电缆、光纤平行的金属导线），在电缆、光纤外加装金属管。

第二节 建筑物防雷措施

建筑物与建筑物内的设备都有可能受到直接雷击、感应雷击、雷电波入侵、雷电波高电位反击、球形雷击等的袭击，这些袭击会产生电磁效应、热效应、机械效应，使建筑物及其设备造成危害。为了减少雷电造成的危害，必须采取相应的防雷措施。但是增加防雷措施是要增加建筑物的投资，因此首先要分析建筑物受雷击袭击的程度和对建筑物防雷进行分类，使得投资和防雷效果达到最佳。

建筑物受雷击的程度用年预计雷击次数表示。这个数值越大说明建筑物受雷击越严重。这一指标与建筑物的大小、形状、地理位置、周围环境以及当地年平均雷暴日等因素有关。建筑物年预计雷击次数可按下式计算

$$N = KN_g A_e \tag{7-8}$$

式中 N——建筑物年预计雷击次数，次/a；

K——校正系数，一般取 1，位于旷野孤立的建筑物取 2，外壳为金属结构的建筑物取 1.7，水边或潮湿地的建筑物取 1.5；

N_g——建筑物所处地区雷击大地的年平均密度，次/km^2a；

A_e——建筑物受雷击的等效面积。

雷击大地年平均密度按下式经验公式计算

$$N_g = 0.24 \times T_d^{1.3} \tag{7-9}$$

式中 T_d——当地年平均雷暴日，d/a。

建筑物受雷击的等效面积 A_e 比建筑物地面面积大，对于不同高度的建筑物有所差别，高度小于 $100m$，其计算公式为

$$A_e = [LW + 2(L+W)D + \pi H(200-H)] \times 10^{-6} \tag{7-10}$$

其中 L、W、H 为建筑物的长度、宽度、高度。D 为每边的扩展宽度，计算公

式为

$$D = \left[H(200 - H) \right]^{1/2} \tag{7-11}$$

式（7-10）第一部分为建筑物地面面积，后两部分为每边的扩展面积。面积单位为 km^2。

若建筑物高度大于 100m 的计算公式为

$$A_e = \left[LW + 2H(L+W) + \pi H^2 \right] \times 10^{-6} \tag{7-12}$$

当建筑物各部位的高度不同时，应逐点计算扩展面积。

目前从防雷要求将建筑物分为三类。第一类防雷建筑物系指具有爆炸危险的建筑物。第二类防雷建筑物系指国家级和公用，年雷击次数大于 0.3 次的建筑物。第三类防雷建筑物系指一般建筑物。

下面讨论防雷的基本措施：

一、建筑物外主要防雷措施

建筑物外主要是防直击雷。防直击雷的装置由接闪器、引下线和接地装置三部分组成。

接闪器有避雷针、避雷线、避雷带和避雷网。建在地面上的避雷针称为独立避雷针。第一类防雷建筑物和有特殊要求的建筑物应采用独立避雷针、架空避雷线（网），其他建筑物应尽量利用建筑物突出部永久性的金属体作为接闪器或在建筑物顶部加装避雷针、避雷带、避雷网。

避雷针一般为钢结构，由圆钢、钢管、板钢焊接或螺丝连接而成。主要技术要求是：有足够的载流能力，一般要能承受 200kA 以上的雷电流；有足够抗风雪的能力，一般要求能承受 35~40m/s 的风力。要满足电气连接的要求。对避雷针的外形无特殊要求，但要求便于维护，一般顶端为针形，向下逐步扩大。避雷针除了引导雷电流外，应该设计为装饰美化大地的建筑物。

非独立避雷针一般安装在建筑物的顶部，其技术要求与独立避雷针一样。

避雷线也称架空地线。多数用于输电线防雷保护。只有不适于采用避雷针的建筑物才采用避雷线。保护范围比避雷针大。

避雷带通常安装在建筑物的顶部四周，包括屋脊、屋檐、屋角。大的避雷带要有多处引下线。避雷带适用于高层建筑物。避雷带由圆钢、扁钢焊接而成。

避雷网通常是利用建筑物中的钢筋混凝土的钢筋网构成，要求建筑物内的钢筋焊接连成一体，不能有断点，这种网称为暗网。当钢筋离表层水泥厚度较大时，应增加明网。装有避雷网的建筑物如同处于等电位的金属笼，不会出现电压差的袭击。避雷网应与避雷带联合使用，既可以防直击雷，也可以防感应雷。这种防雷装置既省钱，又美观，但施工时要严格把关。

引下线是接闪器与接地体的连接线。要求能承载雷电流的能力，有明线和暗线之分。暗线为建筑物柱钢筋为引下线，明线为截面 $100mm^2$ 以上的圆钢或扁钢构成。避雷带和避雷网致至少有两根引下线，引下线之间不能大于 18m，当大于 18m 时，应加第三根引下线。

有关接地体后面专门讨论。下面讨论避雷针，避雷线的保护范围。

避雷针的保护范围是根据雷电理论，模拟实验和雷击事故统计等三种研究结果进行分析规定出来的。下面介绍的避雷针保护范围计算方法是国际电工委员会（IEC）推荐的滚球法，也是我国建筑物防雷设计规范采用的方法。

滚球法就是将一半径为 h_r 的球体从避雷针针尖沿着避雷针向下滚动至球体与地面接触，然后球体绕着避雷针转动一圈，由球体与避雷针的触点至球体与地面的触点之间的球面绕地面一周与地面所构成的空间，定为避雷针的保护范围。避雷针保护范围与滚球的半径和避雷针高度有关。滚球半径越大，保护范围越大。我国建筑行业规定第一类防雷建筑物滚球半径为 30m，第二类防雷建筑物滚球半径为 45m，第三类防雷建筑物滚球半径为 60m。根据这滚球半径进行防雷保护范围计算。

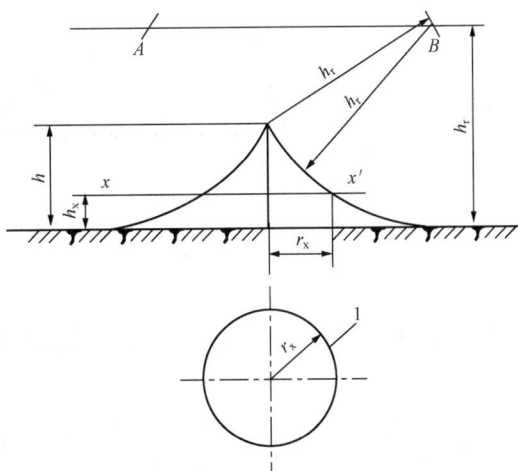

图 7-3 单根避雷针的保护范围

1. 单根避雷针保护范围的计算

（1）当避雷针高度 h 小于滚球半径 h_r 时，如图 7-3 所示。

计算步骤为：

1）离地面高度 h_r 处作平行于地面的平行线。

2）以避雷针针尖为圆心，h_r 为半径作圆弧线与平行线交于 A、B 两点。

3）分别以 A、B 两点为圆心，h_r 为半径作圆弧线，与避雷针顶点相交，与地面相切。避雷针针尖至地面切点之间的弧线绕避雷针旋转一周，弧线旋转体与地面组成的空间就是避雷针的保护范围。

4）计算避雷针保护范围地面的最大半径 r_O。根据勾股定理，可得

$$r_O = [h_r^2 - (h_r - h)^2]^{1/2} = [h(2h_r - h)]^{1/2} \tag{7-13}$$

5）已知保护范围内高度为 h_x，求对应的地面半径 r_x。根据图 7-3 和直角三角形的勾股定律可得

$$r_x = r_O - [h_r^2 - (h_r - h_x)^2]^{1/2}$$
$$= [h(2h_r - h)]^{1/2} - [h_x(2h_r - h_x)]^{1/2} \tag{7-14}$$

当避雷针高度 h 和地面距离避雷针长度 r_x 确定后，根据式（7-14）就可以计算出该处的保护高度 h_x。

（2）当避雷针高度 h 大于滚球半径 h_r 时，可在避雷针上取高度 h_r 的一点代替避雷针针尖作为圆心，其他计算同（1）。

2. 双支等高避雷针保护范围的计算

设两支避雷针的距离为 D。当 D 大于单支避雷针的地面保护范围 r_O（即 $D > 2r_O$）时，应各按单支避雷针的计算方法计算；当 D 小于单支避雷针的地面保护范围 r_O 时，见图 7-4，按下面步骤计算。

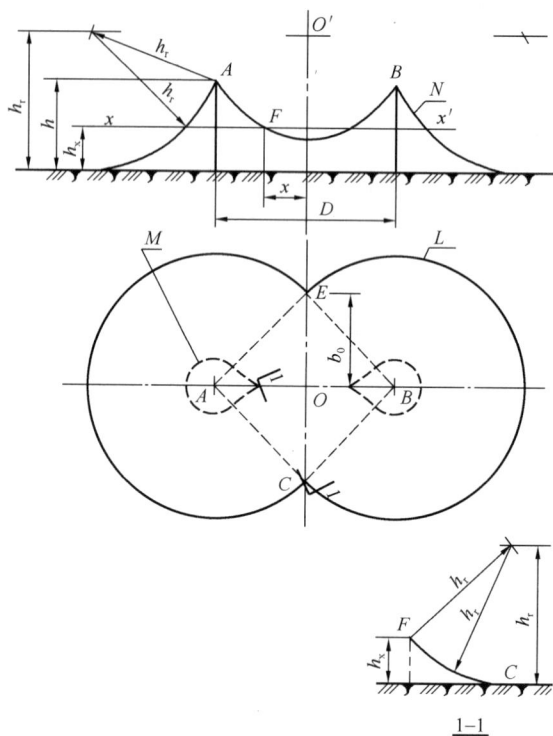

图 7-4　双支等高避雷针的保护范围

（1）按单支避雷针计算方法确定各支避雷针地面的最大保护范围，它们相交于 C、E 两点。$ACBE$ 外侧的保护范围按照单支避雷针的方法确定。

（2）$ACBE$ 内侧的保护按照下列步骤确定：

1）计算地面保护范围 OC 和 OE 的长度 b_O，根据勾股定律可得

$$b_O = [r_O^2 - (D/2)^2]^{1/2} = [h(2h_r - h) - (D/2)^2]^{1/2} \tag{7-15}$$

2）计算两支避雷针组成平面的保护范围。两支避雷针针尖连线的垂直平分线与离地面高 h_r 的平行线交于 O' 点，以 O' 点为圆心，AO'（BO'）为半径作圆弧线 AB，由该圆弧线与地面组成的范围就是两支避雷针组成平面的保护范围。其中圆弧半径 AO' 的长度为

$$AO' = [(h_r - h)^2 + (D/2)^2]^{1/2} \tag{7-16}$$

AB 弧线的最低点离地面的高度 h_0 为

$$h_0 = h_r - [(h_r - h)^2 + (D/2)^2]^{1/2} \tag{7-17}$$

AB 弧线的其他点离地面高度 h_x 为

$$h_{\mathrm{x}} = h_{\mathrm{r}} - [(h_{\mathrm{r}} - h)^2 + (D/2)^2 - X^2]^{1/2} \qquad (7\text{-}18)$$

其中 X 为 AB 弧线任一点离两支避雷针针尖连线垂直平分线的距离。

3）确定两针间 $ACBE$ 的保护范围。设两支避雷针的针尖 A、B 在地面的投影点也用 A、B 表示，那它们的地面的保护范围 $ACBE$。这保护范围分为 ACO、AEO、BCO、BEO 四个部分。下面讨论它们对应的上空间的保护范围。确定 $ABCE$ 地面上的保护范围是基于下列假设：圆弧线 AB 是由高度为 h_{x} 的一系列假想避雷针针尖组成的，然后由各支假想避雷针确定其保护范围。以 ACO 地面上空的保护范围为例加以说明，其他部分分析方法一样。设 AB 弧线上高度为 h_{x} 的 F 点与地为一假想避雷针，以该假想避雷针和 C 点作一剖面，显示在图 7-4 右下角。在由假想避雷针与 C 点组成的剖面上作一离地面高度为 h_{r} 的平行线，以假想避雷针针尖 F 为圆心，以 h_{r} 为半径作圆弧线与平行线交于某点，再以该点为圆心，以 h_{r} 为半径作弧线，交于假想避雷针针尖 F 和 C 点，弧线 FC 下方就是该假想避雷针的保护范围。由 A 点到 AB 弧线最低点的一系列假想避雷针构成的一系列 FC 弧线的下方组成的空间就是 ACO 地面上的保护范围。

4）已知某一高度的物体，求该物体是否在避雷针的保护范围之内。设某一物体的高度为 h_{x}，以这一高度作一与地面平行的剖面，此剖面与避雷针空间保护范围相交，相交点在地面的投影，如图 7-4 虚线所示，在 $ACBE$ 之外侧的部分由以 A、B 两点分别为圆心，以单支避雷针保护半径 r_{x} 为半径所作的圆弧线，在 $ACBE$ 之内侧的部分由以 C、E 两点分别为圆心，以单支避雷针的（$r_0 - r_{\mathrm{x}}$）为半径作圆弧线，这两部分弧线所围成的范围内就是该物体的保护范围，也就是该高度的物体位于这个范围内就能得到避雷针的保护。

3. 双支不等高避雷针保护范围的计算

设两支避雷针的距离为 D_O。第一支避雷针的高度为 h_1，地面最大保护范围为 r_{O1}，等于 $[h_1(2h_{\mathrm{r}} - h_1)]^{1/2}$，第二支避雷针的高度为 h_2，地面最大保护范围为 r_{O2}，等于 $[h_2(2h_{\mathrm{r}} - h_2)]^{1/2}$，当 $D \geqslant (r_{O1} + r_{O2})$ 时，则各自按照单支避雷针方法确定保护范围；当 $D \leqslant (r_{O1} + r_{O2})$ 时，则按下面步骤计算。

（1）如图 7-5 所示，两支避雷针针尖为 A、B 两点，它们在地面的投影点也用 A、B 表示。以 A、B 两点分别为圆心，以 r_{O1}、r_{O2} 分别为半径作两个圆，相交于 C、E 两点。$ACBE$ 外侧的保护范围各自按照单支避雷针的方法确定。

（2）$ACBE$ 内侧的保护按照下列步骤确定：

1）地面 A、B 连线与 CE 相交于 O 点，计算 O 至 A 的距离 D_1，根据直角三角形勾股定理，可得

$$r_{O1}^2 - D_1^2 = r_{O2}^2 - (D - D_1)^2$$

由上式求得

$$D_1 = \frac{2h_{\mathrm{r}}(h_1 - h_2) + h_2^2 - h_1^2 + D^2}{2D} \qquad (7\text{-}19)$$

计算地面保护范围 OC 和 OE 的长度 b_O，根据勾股定律可得

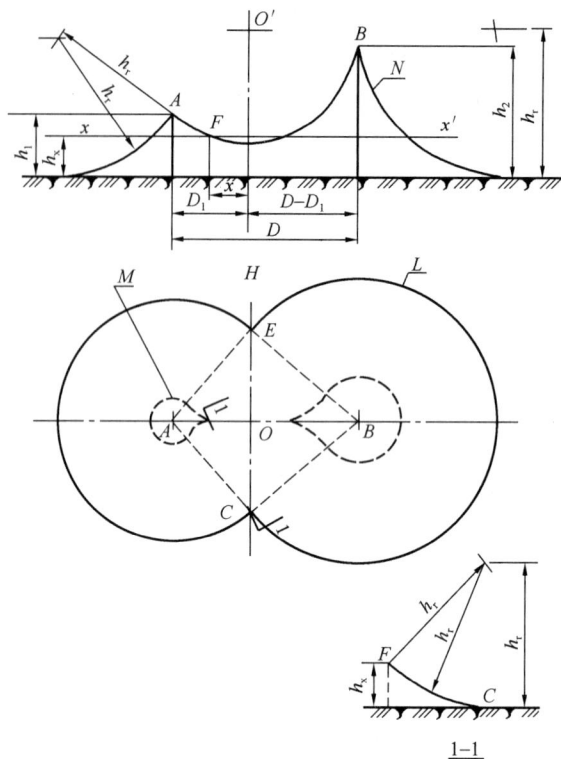

图 7-5 双支不等高避雷针的保护范围

$$b_O = \left[h_1(2h_r - h_1) - D_1^2 \right]^{1/2} \qquad (7\text{-}20)$$

2）计算两支避雷针组成平面的保护范围。在两支避雷针组成平面中，过 O 作一垂直地面的直线与离地面高 h_r 的平行线交于 O' 点，可以证明 $AO' = BO'$，并等于

$$R = \left[(h_r - h_1)^2 + D_1^2 \right]^{1/2} \qquad (7\text{-}21)$$

以 O' 点为圆心，R 为半径作圆弧线 AB，由该圆弧线与地面组成的范围就是两支避雷针组成平面的保护范围。AB 弧线的最低点离地面的高度 h_O 为

$$h_O = h_r - \left[(h_r - h_1)^2 + D_1^2 \right]^{1/2} \qquad (7\text{-}22)$$

AB 弧线的其他点离地面高度 h_x 为

$$h_x = h_r - \left[(h_r - h_1)^2 + D_1^2 - X^2 \right]^{1/2} \qquad (7\text{-}23)$$

其中 X 为 AB 弧线任一点离直线 OO' 的距离。

3）确定两针间 $ACBE$ 的保护范围。它们的地面的保护范围为 $ACBE$。这保护范围分为 ACO、AEO、BCO、BEO 四个部分，其中 ACO 与 AEO 是对称的，BCO 与 BEO 是对称的。下面讨论它们地面上空间的保护范围。确定 $ABCE$ 地面上的保护范围是基于下列假设：圆弧线 AB 是由高度为 h_x 的一系列假想的避雷针组成的，然后由各支假想避雷针确定其保护范围。以 ACO 地面上的保护范围为例加以说明，其他部分分析方法一样。设 AB 弧线上高度为 h_x 的 F 点与地为一假想避雷针，以该假想避雷针和 C 点作一剖面，显示在图 7-5 右下角。在由假想避雷针与 C 点组成的剖面上作一离地面高度为

h_r 的平行线，以假想避雷针针尖 F 为圆心，以 h_r 为半径，作圆弧线与平行线交于某点，再以该点为圆心，以 h_r 为半径作弧线，交于假象避雷针针尖 F 和 C 点，弧线 FC 下方就是该假想避雷针的保护范围。由 A 点到 AB 弧线的最低点的一系列假想避雷针构成的一系列 FC 弧线的下方组成的空间就是 ACO 地面上的保护范围。

4）已知某一高度的物体，求该物体是否在避雷针的保护范围之内。设某一物体的高度为 h_x，以这一高度作一与地面平行的剖面，此剖面与避雷针空间保护范围相交，相交点在地面的投影，如图 7-5 中虚线所示，在 $ACBE$ 之外侧的部分由以 A、B 两点分别为圆心，以单支避雷针保护各自的半径 r_{x1}、r_{x1} 为半径所作的圆弧线，在 $ACBE$ 之内侧的部分由以 C、E 两点分别为圆心，以单支避雷针各自的（$r_{01}-r_{x1}$），（$r_{02}-r_{x2}$）为半径作圆弧线，这两部分弧线所围成的范围内就是该物体的保护范围，也就是该高度的物体位于这个范围内就能得到避雷针的保护。

三支、四支避雷针等高或不等高都可以套用两支避雷针等高与不等高的分析方法确定保护范围。

避雷线保护范围的分析也可以套用避雷针的分析方法。避雷线由于自身的重量会产生弧垂，两端支持点离地面高度最高，中间部分离地面高度最低。避雷线可以看作为由一系列不等高的避雷针组成，避雷线上的每一点相当于避雷针的针尖，然后按照单支避雷针的分析方法确定一系列不等高的假想避雷针的保护范围。

避雷带、避雷网的保护范围的分析方法也可以引用上述方法。

二、建筑物内的防雷措施

建筑物内主要防感应雷、雷电波入侵、雷电波高电位反击。直击雷放电的电磁脉冲会在周围的电力线路、用电设备、通信线路、电视广播线路、互联网络线路、电子设备等产生感应过电压，会危及人身安全和损坏电力、电子设备。虽然感应雷的电压电流没有直击雷那么大，但它分布范围广，侵入途径多，被侵袭的对象是电子元件，电子元件耐冲击电压比较低，但响应速度快，因此对防感应雷的保护设备要求比较苛刻，一般的避雷器不能适应，要求采用限压低，反应速度快的防雷装置。目前建筑物内的防雷措施有：

（1）建筑物内的电源线路和信号线路装设电涌保护器（SPD）。电涌保护器是一种限压泄流装置，与线路并联，当电压高于被保护设备的限压时，电涌保护器对地导通，泄漏电流，使设备免受过电压损害。电涌保护器是一种最有效、最经济、最广泛使用的防雷保护措施。电涌保护器按用途分为电源线路电涌保护器和信号线路保护器。

电源线路保护器按工作原理分为电压开关型电涌保护器（Voltage Switching Type SPD）、电压限制型电涌保护器（Voltage Limiting Type SPD）和复合型电涌保护器（Combination SPD）。

开关型电涌保护器在结构上以气体间隙为基本元件。正常运行时，与电源线路并联的间隙完全处于开路状态，不影响电源线路的运行，电涌到来且其幅值达到间隙击穿电压时，间隙迅速击穿，转化为短路状态，雷电流快速流入大地。这种装置的优点是通流容量大，可达 65～100kA；缺点是伏-秒特性分散性大，不便于与保护对象配合。

限压型电涌保护器用金属氧化物（氧化锌）作为主要元件，最常用的是压敏电阻片（简称 MOV）。这种电阻片具有非线性特性，在正常工作电压下呈现很高的电阻和非常小的电流，当过电压到来时呈现很小的电阻，将大电流迅速泄入大地。它具有较好的伏-秒特性，容易与保护对象配合。但长期在工作电压作用下有一定的泄漏电流，容易发热、老化，严重时会击穿崩溃。电涌保护器在雷电流作用下的最大限制电压应低于被保护设备的绝缘冲击耐受电压。

复合型电涌保护器在结构和原理上是上述两种电涌保护器的综合，具有上述两种电涌保护器的优点，但结构更复杂，只有对防雷非常高的地方才采用。

电源电涌保护器的主要技术参数有：①额定放电电流、放电时允许通过电流，有 0.05kA～40kA 不等电流可选择；②额定电压，长期允许运行电压，有 52V～1500V 不等电压可选择；③持续运行电流，长期允许泄漏电流，这个电流值越小说明电涌保护器质量越好；④限制电压，也称残压，放电时电涌保护器两端的最大电压，这个电压值越低说明保护水平越高；⑤最大放电电流，也称冲击通流容量，表示 SPD 不发生实质性破坏所能承受的最大放电电流，反应 SPD 质量的一个重要标记。

信号线路电涌保护器用于弱电线路及其设备的防雷保护。弱电线路工作电压低，响应速度快，易受外界干扰，因此要求电涌保护器具有足够大的放电通流容量，足够低的限制电压，足够快的响应速度，不能影响弱电线路的正常工作。信号线路电涌保护器工作原理与电源线路电涌保护器是一样的，但不能采用压敏电阻片，因为压敏电阻片的电容大，干扰信号线路的信号。信号电涌保护器大多采用气体放电管、箝位二极管、晶闸管作为主要元件，具有复合型电涌保护器特性。信号有两种基本类型：连续时间信号和离散时间信号。随着信号的不同，其载体也不同，从而信号 SPD 也不同。可以分为电话 SPD（用于固定电话和互联网），同轴 SPD（用于计算机网络，移动通信基站，卫星接收等），双绞线 SPD（用于计算机网络信息传输），有线电视 SPD（用于有线电视网络）。信号线路 SPD 主要参数除了上述参数外，还有一些特定参数：①响应时间，从过电压开始到电流泄入大地结束所需的时间；②插入损耗，SPD 接入前负荷吸收的功率与接入后负荷吸收功率之比；③数据传输率；④反射损耗，根据不同场合选用不同特定参数的信号线路 SPD。

（2）电磁屏蔽措施。对于一些重要的电子线路及其设备，或者采用 SPD 不能满足要求的线路及其设备就应采用电磁屏蔽措施：将线路装在金属管内，将电子设备装在金属壳内，并将金属管、金属壳可靠接地。雷电电磁脉冲就不可能使线路及其设备产生感应过电压，只会在金属保护体上产生感应电流泄入大地，也可以采用电磁脉冲隔离装置和高频滤波装置避开电磁干扰。

（3）接地和等电位连接措施。所有防雷装置都必须接地，才能保证雷电流泄入大地。如果没有接地装置，一切防雷措施都是没有效果的。等电位连接时将正常不带电的，未接地或未良好接地的金属外壳、电缆的金属外壳、建筑物的金属构架、管道桥架和管道与接地系统做电气连接，防止在这些物件上由于雷电感应造成对设备内部绝缘的损坏，同时可以防止雷击电流入地所产生的高电压反击。

变电所的防雷：变电所的户外配电装置应装设防直击雷的保护装置，即避雷针或避雷线。户内配电装置是否装设防直击雷的保护装置视具体情况而定，如果雷电活动强烈地区或周围没有高层建筑物的变电所也应装设防直击雷的保护装置，这种防雷装置也可在屋顶装设避雷网。避雷针的接地电阻应小于10Ω，或与其他接地网连接在一起。避雷针上如果有架设低压线路或信号线路，应对其采取保护措施，例如穿入金属管中。除了防直击雷外，还应防雷电侵入波，雷电侵入波是通过输电电路进入变电所的。为此，变电所的进线在离变电所2km之内应架设避雷线，并在线路断路器的外侧装设管型避雷器或阀型避雷器，进线的母线还要装设阀型避雷器。

第三节　接地和等电位连接

埋在地下与土壤或混凝土或水体相接触的金属体称为接地体或接地极。电力系统的某些部分或金属构件或防雷保护装置等经引线与接地体相连称为接地。接地按用途分为工作接地、防雷接地和保护接地三大类型。电力系统中性点，直流输电系统某一极因运行需要而接地，信号电路中某一点作为基准电位而接地，称为工作接地。接闪器、电涌保护器、金属构件因防雷需要接地称为防雷接地。防止正常工作不带电的金属体因漏电而伤害人身安全将金属体接地或防止电气设备，电子设备受损而采用的接地，称为保护接地。专门为接地而装设的接地体称为人工接地体。因建设需要装设的与地下土壤接触的金属管、钢筋、金属构件也可兼作接地体称为自然接地体。连接接地体及设备接地部分的导线称为接地线。接地线和接地体合称为接地装置。有若干个接地体在大地中相互连接而组成的总体称为接地网。接地网中的连接线称为接地干线，由接地网延伸出去的连接线称为接地支线。为某一需求而设置的接地网称为独立接地网。多个接地网连成一体称为共用接地网或统一接地网。

对接地装置有三个要求：一是接地电阻要满足规程要求，一般工作接地和保护接地要求接地电阻不大于4Ω，防雷接地电阻不大于10Ω。二是要有足够的载流能力。电力系统中性点接地装置由于三相不平衡，正常运行接地线有电流通过，故障时短时间有很大电流通过，因此需要计算所承受的电流大小。防雷接地装置短时间要承受很大的冲击电流，特别独立避雷针要计算接地线的截面积。三是要求接地装置十分牢靠，防止腐蚀和断裂，要考虑接地装置的使用年限，一般要求与建筑物的使用年限一样。

由于大地存在可导电物质，接地电流流入大地后自接地体向四周流散，这个电流称为流散电流，它所遇到的电阻称为流散电阻。接地电阻是接地体的流散电阻，接地体电阻和接地线电阻的总和。由于接地体电阻和接地线电阻比较小，可略去不计，一般认为接地电阻就是接地体流散电阻。

接地电阻分为稳态接地电阻和冲击接地电阻。稳态接地电阻是指直流或低频电流流入大地表现的电阻。冲击电阻式指冲击电流，也就是雷电流流入大地表现的电阻。当电流流入大地就会在大地建立电场，接地体附近的电场最强，电位最高，电流密度最大，离开接地体越远的地方电场越弱，电位越低，电流密度越小。在工程上一般认为20m之外的地方电位接近于零。由于电流的性质不同，在土壤中建立的电场也不一样，冲击电流作用下，电场强度很强，土壤局部放电，使土壤导电率增大或说导电面积增加，从而接地电阻下降，所以一般情况冲击电阻比稳态电阻小。当接地体的长度足够长时，其电感磁场会影响电场分布从而使冲击电阻不会下降反而增加。雷电流是时间函数，接地体的冲击电阻也是时间函数。根据电工理论，可以计算出各种接地体的接地电阻，但由于土壤情况复杂，理论计算值与实际值有一定差距。目前有许多经验计算公式，设计时根据具体情况可参考使用。接地电阻与土壤电阻率、含水量、温度、含化学成分、紧密度等因素有关。要降低接地电阻应选择电阻率低的土壤，增加土壤紧密度，土壤含水量约50%，防止土壤冻结。

接地网一般用若干根2.5m左右的钢管或圆钢或角钢垂直打入地下0.6m～1m深，然后再用扁钢或圆钢焊接成一体。每两根接地体之间的距离要大于4m，如果太近它们之间电场有屏蔽作用，使并联电阻增大，降低并联效果。接地体应沿着建筑物周围围成一个闭合环，形成一个环形接地网。为了防腐蚀，接地体要镀锌或涂防腐漆。接地网至少要有两个引线接头和测量接地电阻的测点。

电气设备及其电路常受电磁干扰。电磁干扰有导电性干扰和辐射性干扰。导电性干扰是通过导线将干扰能量从一电路传送到另一电路。最常见的是共阻抗耦合，系指两个电路电流流经同一个公共阻抗，一个电路的电流在这个阻抗上产生的电压会影响另一电路。这种干扰常见于直流与低频电流。辐射性干扰是一个电路高频电流产生的电磁场能量通过空气传送到另一电路上。这种干扰常见于高频电流。

一座建筑物由于各种需要要建立多个接地网，这些接地网是各自独立好还是连成一个共用接地网好呢，独立接地网和共用接地网各有优缺点。独立接地网不易受导电性的电磁干扰，而共用接地网使总的接地电阻降低，从而降低了反击电压，不易受辐射性干扰，有利于保护电气设备，一般说采用共用接地网更好一些。易爆易燃场合的避雷设备应采用独立接地网。

被保护的电气设备很多，这样就出现一个问题，是各个设备都引一根接地线连接到接地平台（接地引线）上，还是附近几台设备接地线连在一起再连接到接地平台？前者称为多点接地，后者称为一点接地。一点接地有利于消除导电性干扰，而多点接地有利于消除辐射性干扰。应该根据具体场合选用接地方式。一般说电源线路及其连接设备保护应采用一点接地方式，信号线路及其设备保护应采用多点接地方式。特殊情况可以采用混合方式。

大地是人们公认的零电位参考点，埋在大地里的接地体就是零电位点，理论上说连接在接地体的所有金属体处于同一电位，这种连接称为等电位连接。等电位连接是把建筑物内的所有金属体，如钢筋、自来水管、消防管道、空调管道、电梯、金属广告牌、电缆金属屏蔽层、电力系统中性线等用电气连接方法连成一体，并连接到接地体，使整个建筑物成为等电位体。为了便于实现等电位连接，建筑物内应设置多个等电位端子箱。把所有非带电的金属体连接到附近的等电位端子箱，然后再由等电位端子连接到接地体。等电位连接相当于将整座建筑物变成一个同一电位的笼子，是防雷、防电磁感应、降低跨步电压最有效的措施。等电位是理论上之说，由于接地线存在电阻，各节点存有电位差，存在一定风险，但与不等电位连接比较风险要小一些。

第八章

弱电系统和楼宇自动化系统

第一节 弱 电 系 统

人们常把电分为强电和弱电。从功能上划分，强电是用来提供电能，弱电是用来提供信息；从安全角度划分，强电是指高电压，大电流，弱电是指低电压，小电流。从而也将建筑电气工程分为强电工程和弱电工程。建筑强电工程就是第三章所说的供配电系统、动力系统、照明系统等。从广义上说，供配电二次系统也属于弱电系统，已在第四章论述，就不再列入这里的弱电系统。建筑弱电工程包括通信系统、电视系统、广播系统、互联网、计算机监控系统、楼宇自动化系统以及消防报警系统。从某一角度说，楼宇自动化系统可以包括上述内容，以及更广泛的内容。在未实现楼宇自动化之前，这些弱电系统已经存在。因此这些弱电系统还是独立于楼宇自动化系统之外。

现代通信方式有有线电话、无线电话、卫星电话、微波电话和载波电话。与建筑电气设计相关的通信方式是有线电话，也就是固定电话。建筑物内的固定电话是电信电话网络的终端，只需要将电话线引进建筑物的电话交接箱，再由电话交接箱接至各用户的电话机。

电视系统：建筑物内的电视系统是将电视和广播信号传送到用户终端的系统。早期传送介质为同轴电缆，称为有线电视，现在发展为光缆，卫星和微波。该系统除了提供节目收看和点播外，还可以通过综合数字服务宽带网接入技术（HFC 技术）与互联网相连。最终电视、广播、电话、互联网合为一体。建筑物内的电视系统由分配放大器、分配器、分支器、用户终端、同轴电缆等组成。分配放大器用来放大电视信号，保证用户所需电平。分配器是将一路输入信号均等或不均等地分配为两路以上信号部件，以满足不同线路和用户的需要。常用的有二配器、三配器、四配器和六配器。分支器是将电缆中的电视信号进行分支，分支线与用户终端相连。终端设备为电视机的机顶盒。建筑物内的卫星电视系统需要一套卫星接收设备，包括卫星接收天线、馈源（卫星信号采集装置）、卫星接收高频头（降频器）、卫星电视接收机等。

互联网：建筑物内计算机要与互联网相连，有如下方法：①通过电话线与互联网相连，称为 ADSL 技术，它是将高速数字信号与电话信号共存在电话线中，且相互不影响，当信号传送到电信局，再经分离器，将电话信号传送到电话交换机，将高速数字信号传送到互联网；②HFC宽带网技术。该网络采用光纤电缆和同轴电缆混合组成。主干网采用光纤电缆，配线网采用同轴电缆，光纤电缆与同轴电缆交界处称为光分配点（ODN），装有光电交换装置，将光纤的光信号转换为电信号，传送到同轴电缆或将同轴电缆的电信号转换为光信号，转送到光纤电缆；③无线电网络接入。

第二节 楼宇自动化系统

现代化建筑物，例如一座大楼、住宅区，建成后如何管理是极其重要的，也是设计人员必须考虑和涉及的问题。现在都是由物业公司负责建筑物管理。管辖范围有：公共设备的管理和维护、保安、保洁、环境绿化和美化、租户管理、协调业主关系、防灾防害。传统的管理方式都是由人工来完成的。最终的管理方式应是由自动化系统来完成。实现全盘自动化管理的建筑物称为智能建筑。当然自动化管理系统不仅包括上述管辖的范围，还有更广的范围，其中有办公自动化系统；通信自动化系统；环境（包括温度、湿度、通风、采光等）自动控制系统；垃圾自动回收、分类、再处理系统；污水废气自动回收、再处理、再利用系统；雨水回收再利用系统；太阳能回收再利用系统。楼宇自动化系统的实现可以减少管理人员，节省能源，降低运行费用，提高工作效率，营造安全、舒适、优美的环境，并能满足各业主的要求，但是要增加自动化系统的投资费用。建筑物设计阶段设计人员应就楼宇自动化系统进行初步设计，提出几种方案供投资方和有关部门讨论，然后确定一种自动化系统方案，最后进行施工设计，施工设计可以由专门楼宇自动化系统研究设计部门进行。

1984年美国哈特福德市一座38层大楼首先对变配电、供水、空调、防火等设备进行计算机监控，并实现办公自动化和通信自动化，这是世界上第一栋智能大厦，随后世界上各种智能建筑如雨后春笋般的出现。楼宇自动化技术发展如此迅速主要原因有：

1）大量的高层建筑物的出现，依赖人工方式进行管理是十分困难的，而且人们对于建筑物的安全、优质服务，舒适环境要求越来越高，实现自动化必然提到日程上来。

2）新科学技术，特别自动控制理论和技术、计算机技术、数字技术、多媒体技术、现代通信技术、影像技术等迅速发展，为楼宇自动化技术提供技术支持，使楼宇自动化实现成为可能。

3）社会上各行各业都在向自动化方向发展，建筑行业不能停留在传统的建筑上，跟上时代发展是必然的方向，向"智能建筑"方向发展是大势所趋。现代一些建筑物虽然还没有全盘实现楼宇自动化，但或多或少部分实现楼宇自动化，楼宇自动化不是离我们很远，而是处在楼宇自动化中。当你走进建筑物内，就有监控装置在监视着你，当你进入楼宇，就有门禁系统在管辖着你，当你的汽车进入车库，就有停车场自动管理系统在管辖着你。所以楼宇自动化已成为建筑电气设计不可缺少的一部分。

楼宇自动化的基本功能有如下一些内容：

（1）公共设备的自动监控：公共设备的工作状态、运行参数、异常和故障信息等能在中央监控室以表格、数字、声音、图像显示出来，并由值班人员进行操作控制。这些信息可以保存起来，也可以传送到有关部门。公共设备有变电站的电气设备、供给水水泵、冷热空调设备、湿度控制设备、电梯、污水处理设备、照明设备、垃圾回收分类再处理设备、雨水回收再利用设备、太阳能回收利用设备、消防设备等。一般变电站的电气设备都有自动监控系统，并实现无人值守，其监控信息可以直接传送到楼宇自动化监控值班室。

（2）安全自动监控系统：包括闭路电视监控、门禁系统、防盗报警系统、保安巡更系统、电梯安全运行监控、应急电源监控系统。安全自动监控系统24h连续工作，一旦出现异常情况或险情立即告知值班人员，以便采取对策确保建筑物内人员和财产的安全。

1）门禁系统：也称出入口控制系统。用于对进入建筑物内的人员进行识别和控制通道门开启。它具有如下功能：能对持卡人实行分级管理，不同身份的人员有不同的通行权；能检测通道门的状态，当出现非法入侵时，能发出报警；当发生火灾时，能自动开启通道门，以便人员疏散；有的还具有签到和考勤功能。门禁系统是由中心智能控制装置，控制总线，各个门道的前端装置等组成。每个通道的前端装置由辨识装置、电子锁、出口按钮等组成。辨识装置有磁卡、智能IC卡、指纹识别机、声音识别机、视网络辨识机。

门禁系统中还有一个楼宇可视对讲子系统。常用于住宅小区。来访人员通过门口主机与住户主人建立声音、视频通信，由主人确认来访人的身份后，决定是否打开电控门锁，如果允许打开电控门锁，当来访者进入后，闭门器会自动关闭。可视对讲系统由门口主机、室内分机、电控锁、控制中心主机、不间断电源等组成。

2）防盗报警系统：它是利用智能探测器对建筑物内的重点部位进行探测，一旦发现有人非法入侵时，能自动报警。它具有如下功能：对安防区进行灵活的布防与撤防；布防后具有延时功能，以免误报；自动侦测功能，当有人对设备和线路进行破坏时，能及时报警；有联动功能，能与上一级或同一级的系统交换信息和联动。该系统由智能探测器，区域控制器，报警控制中心等组成。防盗报警系统的关键部件是探测器，要求它能探测楼宇内的异常情况，例如安装在门窗上的门磁开关探测器，还有红外线探测器、振动探测器、微波探测器、玻璃破碎探测器等。

3）可视监控系统：也称闭路电视监控系统，利用安装在建筑物内外重要位置的摄像头，将监控画面传送到控制中心的电视墙进行实时监控，以便及时发现异常情况，为查找可疑人员提供依据。该系统由摄像头、传输设备、显示记录设备和控制主机等组成。

4）电子巡更系统：安全系统除了监控系统外，还需要保安人员的巡视，以便增强威慑力量。电子巡更系统一方面是加强监视效果，另一方面是加强保安人员的管理，保证保安人员按时，定点进行巡视。电子巡更系统有在线和离线两种。在线电子巡更系统需要在各个巡更点安装控制器，并通过有线方式与安防控制中心的计算机相连，当保安人员到巡更点时，用自己的巡更卡将个人信息输入控制器，再传送到控制中心，还能与控制中心对话，实现实时效果。离线电子巡更系统需在巡更点安装巡更钮，当保安人员到巡更点时，利用巡更棒将巡更钮的信息读入，待回到安防中心后再将巡更棒的信息传入计算机，才算完成巡更任务。一般保安人员都配有对讲机，以便与控制中心和其他保安人员进行通信。

5）停车场自动管理系统：用来保证出入车辆的安全，车辆有序停泊，防止车辆被盗，有的还能实现手动或自动收费功能。该系统能区分内部车辆或外部车辆和记录车辆特征，能统计进出车辆数量，并显示停车场空位数量。该系统由入口、出口控制机、数字道闸、数字车辆检测器、读卡系统、收费系统和车牌识别系统等组成。

（3）消防自动化系统：具有火灾自动报警与消防联动控制功能。包括火灾报警、自动启动排烟系统、防火卷帘控制、灭火控制和联动 119 等，详细内容参考本书第六章。

（4）办公自动化系统（OAS）：分为物业公司的办公自动化系统和业主（或租户）办公自动化系统。业主专用办公自动化系统由业主自身进行设计，而楼宇自动化设计部门必须为其提供必要的接口和布线空间。这里所说的办公自动化系统是物业公司的办公自动化系统。这系统包括财务管理、人力资源管理、文件管理、租户管理、信息管理、邮件管理等。这系统利用计算机网络、数字技术和多媒体技术，提供文字、声音、报表、图像为一体的办公手段，为上一级管理层和物业公司管理层提供决策，规划的依据，增加管理的透明度，能及时与业主沟通，为业主提供优质服务。

（5）通信自动化系统（CAS）：这系统是楼宇内与外界信息交换系统及楼宇内人员信息交换系统，这包括语音交换—固定电话、移动电话、互联网、广播、电视等；文字交换—互联网、电视、传真、信件等；图像交换—可视电话、电视、互联网等。这些交换有单向的，也有双向的。实现交换的手段有：有线网—光纤宽带网、铜芯（同轴）电缆网、无线网、卫星网。目前这些信息交换系统各自组成独立网络，楼宇自动化系统设计时要保证这些独立网络能安全可靠地接入楼宇内，实现全覆盖，如果出现异常或故障能在中央监控室显示出来，以便及时处理，并利用公共网络建立楼宇内的通信网络，为楼宇内人员之间提供免费信息交换服务。最终对通信系统进行整合，例如，有线电视在一个小区或一座建筑物只装一台机顶盒，不必每台电视机装一台机顶盒；同样固定电话实现小区内的用户可以免费互打，互联网在一个小区内只设一个 WiFi，不必户户设 WiFi。

（6）家居智能系统：现有住宅小区的每套单元的用电设备都是就地控制和调节的，将来会将所有用电设备构成物联网，用手机通过互联网对各用电设备和房屋进行监控和调节，使居住更加安全、舒适、方便。

楼宇自动化有许多子系统，都是由各个厂家、研究部门开发。为了将这些控制系统统一在一个平台上，现在广泛采用智能系统集成技术，也就是整合技术，即将各种软件整合在一个平台上，将各种设备的控制回路整合在一个平台上，将各种数据整合在一个平台上。实现智能系统集成技术最广泛采用的是集散型控制系统。集散型控制系统最新采用的是现场总线技术。它实现分层管理，是一种开放式实时网络系统，它便于各子系统升级换代以及新的子系统接入。

第三节　建筑物弱电系统的布线

建筑电气弱电系统设计最后的落脚点就是弱电系统的布线系统，它包括与建筑物外相连接弱电线路和建筑内的弱电线路。传统的布线方式是一条线路对应一个设备的布线方式，综合布线方式是线路与设备分离的布线方式，是一种标准化、模块化的布线方式。综合布线由不同的传输介质和相关的连接部件组成，传输介质为各种系列和规格的线缆，连接部件有配线架、连接器、插座、插头、交换器、适配器及电气保护设备等。

目前综合布线系统分为六个子系统。

（1）建筑群干线子系统：指连接各相关建筑物之间的缆线。包括电缆、光纤及其保护装置。

（2）设备间子系统：是连接建筑物内公共设备所需硬件的集合场所。包括从建筑物外引进的缆线，交换设备，连接其他子系统的缆线等。设备间一般设在建筑物的一、二层。

（3）垂直干线子系统：用来连接不同楼层子系统和设备的缆线、配架等。

（4）管理区子系统：各楼层设有一个管理区，即配线间。它的作用是将从垂直干线子系统来的缆线经过分配器分别连接至该楼层的各个房间，并可调整所连接的设备。

（5）水平子系统：指配线间至同一楼层各房间信息插座之间的缆线。

（6）工作区子系统：指信息插座至终端设备之间所需的设备，包括插座、插头、连接跳线和适配器等。一般要求多装一些信息插座，以备增加终端设备之用。

综上所述，综合布线具有如下优点：①结构简单，层次分明，容易安装施工，便于维护，运行中出现问题容易查找，运行的可靠性极高；②同型缆线具有兼容性，例如，同轴电缆可作为有线电视连接线，也可作为互联网连接线；普通电缆可作为甲设备的控制线，也可作为乙设备的控制线。增加新设备无需再安装新线路；③具有开放性特性，只要符合国际标准的产品都可以在布线系统中使用；④虽然综合布线要留有余度，要增加一些投资，但是它维护费用低，性价比高，从整体和长远角度看它的经济性好；⑤能适应科技日益发展的需求，新科技产品的使用，无需更换布线系统。

推广综合布线系统是建筑电气设计发展的方向。

参 考 文 献

［1］　中国航空工业规划设计研究院组. 工业与民用配电设计手册. 北京：中国电力出版社，2010.

［2］　华中工学院. 发电厂电气部分. 北京：电力工业出版社，1982.

［3］　杨耿杰，郭谋发. 电力系统分析. 北京：中国电力出版社，2013.

［4］　李明，开永旺. 现代建筑电气技术. 天津：天津大学出版社，2010.

［5］　李英姿. 建筑电气. 武汉：华中科技大学出版社，2010.

［6］　唐定曾，唐海，朱相尧. 建筑电气技术. 北京：机械工业出版社，2009.

［7］　张菁. 电力系统继电保护. 北京：化学工业出版社，2014.

［8］　文锋，臧家义. 电气二次接线识图. 北京：中国电力出版社，2014.

［9］　范同顺，蒋蔚. 建筑物内外照明. 北京：中国电力出版社，2006.

［10］　李炎锋，李俊海. 建筑火灾安全技术. 北京：中国建筑工业出版社，2009.

［11］　杨金夕. 防雷-接地及电气安全技术. 北京：机械工业出版社，2007.

［12］　张天伦，张少军. 怎样识读建筑弱电系统工程图. 北京：中国建筑工业出版社，2012.

［13］　魏立明. 智能建筑系统集成与控制技术. 北京：化学工业出版社，2011.

［14］　李宏文，沈金波. 电气防火检验技术与应用. 北京：中国建筑工业出版社，2010.